KB268469

행복 인문학

행복 인문학

아내를 기쁘게 하면 하나님이 기뻐하신다

이상환 지음

좋은땅

진리가 인도하는 행복한 인생의 시작

나는 평생을 많은 사람들과 만나고, 상담하고, 가르치고, 함께 살아왔다. 그들은 서로 다른 환경과 성격을 지녔지만, 공통된 하나의 질문을 마음속에 품고 있었다. "어떻게 살아야 행복할 수 있을까?" 이 질문은 단지 감정적 바람이 아니라, 인간 존재의 근원적인 요청이며 방향을 묻는 외침이었다.

그렇지만 안타깝게도 많은 사람들이 이 질문에 대한 답을 제대로 찾지 못한 채 살아간다. 겉으로는 웃고 있지만 속은 공허하고, 성취를 이루었으나 허무하며, 자유를 추구했지만 관계 안에서 상처받는다. 나는 그 이유가 단순한 노력 부족이나 상황 탓이 아니라, '생각의 틀', 즉 세계관의 문제라는 사실을 깨달았다. 그래서 이 책을 쓰기로 마음먹었다. 사람들이 바른 생각을 가질 수 있도록, 그리고 진리를 기반으로 삶을 재정립할 수 있도록 안내하기 위해서다. 이 책은 '지식'이 아니라 '삶'을 위한 책이다. 단순한 철학이 아니라, 진리와 지혜, 그리고 삶의 방향을 위한 책이다. 나는 이 책을 통해 행복을 추구하는 모든 이들에게 진리의 길을 안내하고자 한다.

행복은 인간이라면 누구나 추구하는 삶의 궁극적인 목표다. 그러나 현대 사회는 행복을 감각과 물질, 자유와 쾌락에서 찾도록 유도하고, 그 길로 끊임없이 사람들을 밀어 넣는다. 문제는 그 결과가 진짜 행복으로 이어지지 않는다는 데 있다. 우리는 어느 때보다도 풍요로운 시대를 살고 있다. 그러나 동시에 우울과 불안, 자살과 중독, 관계의 파괴, 가치의 혼란 속에 살아가고 있다. 행복은 멀어졌고, 삶은 복잡해졌으며, 정답은 사라진 듯하다.

이 모든 문제는 결국 '어떻게 생각하느냐'가 아니라 '무엇을 기준으로 삶을 바라보느냐'의 문제로 돌아온다. 생각이 바뀌면 삶이 달라지고, 삶이 바뀌면 행복의 가능성이 열리기 때문이다. 그렇기에 지금, 우리는 '행복'과 '삶의 기준'이라는 두 축 위에서 인생을 다시 바라보아야 한다.

많은 사람들이 불행한 이유는 '나쁜 선택' 때문이 아니라, 틀린 생각, 왜곡된 전제, 혼합된 세계관 때문인 경우가 많다. 특별히 한국 사회는 유교, 불교, 무속, 기독교, 자연주의, 포스트모더니즘이 혼합된 채 정체불명의 가치관을 형성하고 있다. 이러한 혼합적 세계관은 사람들에게 판단의 기준을 흐리게 하고, 절대적 진리 대신 상대주의를 정당화시키며, 옳고 그름보다 유익과 감정을 판단의 기준으로 삼게 만든다. 그러한 흐름 속에서 한국인은 진지하게 인생을 고민하지만, 정작 어디로 가야 할지 모른 채 헤매고 있는 것이다. 나는 이것이 한국인의 행복을 가로막는 가장 큰 장벽이라고 믿는다. 그러므로 이 책은 그 장벽을 허물고, 진리가 주는 명확한 삶의 방향과 원칙을 회복하려는 시도이다.

'세계관'이란 단어는 철학자나 신학자들만 사용하는 어려운 개념처럼 들릴 수 있지만, 사실은 모든 사람이 이미 가지고 있는 '생각의 틀', '세상을 바라보는 창'이다. 우리는 그 창을 통해 '무엇이 옳은가', '왜 사는가', '나는 누구인가', '죽음 이후에는 무엇이 있는가'와 같은 질문에 대한 답을 형성한다. 문제는 대부분의 사람들이 그 창이 어떤 모양인지조차 자각하지 못한 채 살아간다는 데 있다. 창이 깨졌는지, 어두운 필름이 덧씌워져 있는지 모른 채 세상을 바라보면, 당연히 삶도 왜곡된다. 이 책은 당신의 세계관을 '바꾸려는' 책이 아니라, '돌아보게 하려는' 책이다. 그리고 그 바탕에 진리와 원칙이 있어야 한다는 것을 보여 주려 한다.

이 책은 단지 정보나 조언을 주기 위한 것이 아니다. 나는 이 책을 통해 독자가 '진리'라는 나침반을 손에 쥐길 바란다. 진리는 기독교 신앙 안에서 주어지며, 성경은 우리 인생의 길을 비추는 등불이다. 물론 세상은 진리란 존재하지 않는다고 말한다. 각자의 진실이 있을 뿐이라고 주장한다. 그러나 그런 시대일수록 우리는 더욱 분명한 진리와 기준이 필요하다. 진리가 없다면, 행복은 방향을 잃는다. 나는 진리를 단지 신학적으로 설명하지 않을 것이다. 진리가 우리의 삶의 기준을 세우고, 방향을 정하며, 영원을 준비하는 길에 어떻게 작용하는지를 구체적으로 안내할 것이다. 이것이 바로 내가 말하는 '행복 인문학'의 핵심이다.

이 책은 총 5부로 구성되어 있다. 제1부는 '세계관'이라는 생각의 틀을 점검하고, 진리 중심의 사고로 회복되는 길을 제시한다. 제2부는 가치 판단의 기준을 '정직, 정의, 절제, 책임, 사랑'이라는 실제적 주제로 풀어낸다. 제3부는 '나는 왜 사는가'에 대한 인생관적 성찰을 다루며, 자기정체성과 고통, 소명, 제자도의 의미를 탐구한다. 제4부는 죽음 이후의 삶에 대한 성경적 내세(來世)관을 통하여 영원을 준비하는 인문학을 제시한다. 제5부는 일상생활과 공동체 안에서 실천할 수 있는 '행복 인문학의 실제 적용' 편으로 구성되어 있다.

각 장은 서두에서 독자의 공감을 유도하고, 본문에서 논리적 분석과 성경적 통찰을 제공하며, 마지막에는 삶의 적용으로 이어지도록 구성했다. 이 책은 처음부터 순서에 따라 읽어도 좋고, 관심 가는 주제부터 선택하여 읽어도 무방하다. 그러나 나는 이 책이 단순한 읽을거리에 그치지 않고, 독자 스스로 자신의 사고 체계와 삶의 방향을 깊이 성찰하는 계기가 되기를 바란다. 더 나아가 이 과정을 통해 잃어버린 행복의 길을 발견하고, 진리 위에 삶의 의미를 새롭게 세워 가는 여정이 되기를 소망한다.

김영한(기독교학술원장, 숭실대 명예교수, 한국개혁신학회 초대회장)

　이상환 박사의 저서 『행복 인문학 - 아내를 기쁘게 하면 하나님이 기뻐하신다』가 출간된 것을 축하드린다. 저자는 성실한 기독교 신자로서 젊은 시절 사업에서 실패하여 절망의 굴레 가운데서 신앙으로 재기하여 오늘날 주식회사 산울 기업을 운영하고 있는, 성공한 기업인이기도 하다. 저자는 서울 강서성결교회에서 장로로 섬기면서 주일학교 교육에 봉사하다, 총신대 기독교교육학과에서 기독교교육학 석사를 마치고, 기독교 교육에 성경적 신학적 토대가 필요하다는 것을 깨달았다. 숭실대학교 기독교학대학원에서 미국의 선교문화인류학자요 복음주의 신학자요 현장 선교사인 폴 히버트(Paul G. Hiebert, 1932-2007)의 기독교 세계관 연구로 박사학위를 취득하였다. 그리고 저자는 교회 주일학교를 봉사 운영하면서 교회 설교도 하고 월드뷰퍼스펙티브 선교 및 교육단체(Center for Worldview Perspective)를 설립 운영하면서 부지런히 기독교 세계관 교육과 선교에 이바지하고 있다.

　저자는 이 책에서 단순히 한 권의 글이 아니라, 한 사람이 진리를 따라 걸어온 삶의 여정을 담은 고백을 하고 있다. 문장 하나 하나에 독실한 신앙과 정신이 배어 있음을 느낄 수 있다. 보수적 신앙을 가졌으나 전통적 가부장적 사고에서 벗어나 아내에 대해 극진한 성경적 동반자적 태도를 갖고 아내를 기쁘게 하는 가정생활을 해왔고, 이러한 태도가 자녀들에 대한 태도에도 나타나 있다. 저자는 이 저서에서 단지 아내를 사랑하는 가정친화적 삶을 넘어서 기독교세계관을 전파하고 실천하는 기독교성결교회 장로로서 성공적인 인생의 가치관을 제시하고 있다: "결국 행복한 인생은 올바른 세계관에서 비롯된다." 본서는 "단순한 철학이 아니라, 진리와 지혜, 그리고 삶의 방향을 위한 책이다". AI시대가 가져온 기능성, 중립성, 효율성, 자유, 편리성 중시의 디지털 세계관에 직면하면서, 이를 보완하는 자연성, 가치성, 인격성, 절제, 진리를 중시하는 성경적 기독교적 세계관의 적합성을 제시해주고 있다. 본서를 읽으면서 구약 전도서처럼 오늘날 삶의 지혜를 읽는 느낌을 갖는다.

저자는 이 저서를 통해, AI 첨단 문명이기를 누리는 현대인의 삶 속에 자리한 혼란과 가치의 붕괴, 방향 상실의 문제를 '세계관의 혼합'이라는 구조적 원인에서 진단하고, 그 해결을 하나님 말씀을 중심으로 한 진리 회복에서 제시하고자 했다. 그리고 결국 '행복한 인생'은 가장 가까운 이웃인 아내, 남편, 부모, 자녀를 기쁘게 하려는 신실한 노력을 통해, 하나님께서 기뻐하시는 "범사에 감사하는 삶"으로 나아갈 수 있음을 말하고자 했다. 이 저서는 이론 중심의 인문서가 아니라, 오늘을 살아가는 평범한 사람들의 삶 속에서 진리를 실천하고 적용해 나가려는 실천적 인문학서임을 강조하고 있다.

오늘날 서구사회가 전통적 기독교 가치관이 무너져서 가정이 깨어지고 부모와 자녀와 관계가 허물어지고 진정한 행복과 가치관이 상실하고 있는 포스트모던 사회가 되어 오늘날 아시아와 한국사회에도 이러한 전통과 가치의 상실 물결이 밀려 들어오고 있다. 저자는 천국의 영원한 삶과 지옥에서의 심판의 실재를 인정하는 "진리의 내세(來世)관은 삶을 바꾼다"고 역설(力說)한다. 이러한 시대에 저자는 기독교 세계관 학자로서 오늘날을 사는 젊은이와 후배들에게 진정한 진리와 행복의 길을 제시하고 있다.

이 책은 "행복한 인생은 올바른 세계관 위에 세워질 때 비로소 가능하다"는 저자의 오랜 신념에서 출발하고 있다. 그리고 행복이 지속되기 위해서는 올바른 가치관과 인생관, 그리고 삶의 방향에 대한 분명한 기준이 함께해야 한다는 점을 강조하고 있다. 나아가, 이 땅에서 의미 있고 성숙한 인생을 살아가기 위해서는 내세에 대한 분명한 관점과 도덕적 책임 의식을 바탕으로 한 삶이 필요하며, 결국 진정한 행복은 "네 하나님을 사랑하고 네 이웃을 네 자신처럼 사랑하라"는 예수 그리스도의 말씀에 순종할 때에야 성취된다는 고백으로 이 책을 마무리하고 있다.

신앙의 삶보다는 교리에 치중하는 한국교회 전통에서, 말씀에 입각한 신앙의 삶 실천을 강조하는 저자의 지혜와 통찰은 오늘날 한국교회 신자들에게 큰 울림이 될 줄을 확신한다.

2025. 05.

추천사

탁신철 목사(청주중부명성교회 담임목사)

"행복하게 살고 싶다"는 말은 누구나 합니다. 그런데 정작, 행복이 어디서 오는지를 아는 사람은 많지 않습니다. 이 책은 그 질문을 향해, 너무 어렵지도 가볍지도 않게, 그리고 무엇보다 진짜 삶의 이야기로 답하고 있습니다.

『행복 인문학 - 아내를 기쁘게 하면 하나님이 기뻐하신다』. 처음엔 유쾌한 제목에 웃음이 났습니다. 그런데 책을 읽다 보면 알게 됩니다. 이 유쾌함 안에 얼마나 깊은 진심이 담겨 있는지를요. 가장 가까운 관계에서부터 다시 시작하자는 제안은 지금 시대를 살아가는 우리 모두에게 꼭 필요한 메시지입니다.

저는 이 책의 저자와 오랜 시간 인생을 나누어 온 사람으로서 말할 수 있습니다. 이 책은 '글'이 아니라 '삶'에서 나왔고, '이론'이 아니라 '경험'에서 길어 올린 이야기입니다. 그래서 누구나 어렵지 않게 읽을 수 있고, 읽고 나면 한 가지라도 해보고 싶다는 마음이 생깁니다.

바쁘고 복잡한 오늘, 삶의 중심을 다시 세우고 싶은 분들께 이 책을 따뜻하게 권합니다. 진심으로, 기쁘게 추천드립니다.

차례

제1부   세계관 – 올바른 세계관이 행복을 보장한다

제2부   가치관 – AI 시대, 무엇을 기준으로 살 것인가

제3부 인생관 - 나는 왜 세상을 살아가는가

세계관
- 올바른 세계관이
행복을 보장한다

서문

세계관이란 무엇인가 - 삶을 바꾸는 생각의 근거

세계관이란 인생의 행로를 인도하는 나침반이자, 방향을 안내하는 지도와 같은 마음속의 세계상(世界像)이다. 이는 단순한 개인의 주관적 관점이 아니라, 동일한 종교나 문화에 속한 사람들이 공유하는 가장 기초적인 실재관이며, 모든 학문과 사고의 출발점이 되는 철학적 질문들에 대한 전(前)이론적 대답을 포함하는 개념 체계이다. 따라서 세계관은 인간이 세상을 이해하고 해석하며 살아가는 전체적인 인식의 틀이며, 삶의 모든 영역을 이끌어 주는 심층 구조라고 할 수 있다.

세계관은 단순한 이론이나 사상이 아니다. 그것은 인간 존재의 본질, 가치 판단의 기준, 삶의 방향, 윤리의 근거, 죽음 이후의 실재에 이르기까지 전 생애를 아우르는 해석의 틀이다. 세계관은 개인의 인생을 해석하는 지도이며, 판단의 나침반이자 선택의 근거가 된다. 동시에 세계관은 단지 개인적인 신념이나 취향의 문제가 아니라, 한 민족과 문명, 사회 전체의 정신적 기반으로 작용한다. 그것은 인간의 인지적·평가적·정서적 구조를 포괄하는 복합체로서, 각 사람은 자신이 가진 세계관에 따라 궁극적 실재를 인식하고, 옳고 그름을 판단하며, 삶의 방향과 결정을 내린다. 다시 말

행복 인문학

해, 어떤 세계관을 가지느냐에 따라 한 사람의 생각이 달라지고, 그 생각에 따라 인생의 모습은 전혀 다르게 전개된다. 결국 행복한 인생은 올바른 세계관에서 비롯된다. 왜냐하면 행복은 단지 감정의 문제가 아니라 사고를 이끄는 근본적 관점에서 비롯되며, 우리의 생각은 세계관이라는 구조 속에서 형성되기 때문이다.

'세계관'이라는 개념은 독일어 *Weltanschauung*에서 유래하였으며, 철학자 칸트가 이를 철학적 개념어로 제시하면서 본격적인 논의가 시작되었다. 이후 딜타이와 니체 같은 사상가들이 이 개념을 더욱 구체화하여, 세계관은 형이상학적 사유를 넘어 인간 삶의 실천적 구조를 해석하는 틀로 자리 잡게 되었다. 딜타이는 철학이 인생의 궁극적인 질문들에 대한 해답을 제시하지 못하는 형이상학적 한계를 발견하고, "나는 어디에서 왔는가? 왜 존재하는가? 어디로 가는가?"라는 물음은 결국 세계관이라는 틀 안에서만 이해될 수 있다고 결론지었다. 흥미롭게도, 한때 세계관 자체를 허구로 간주했던 니체조차도 인간이 삶의 방향을 설정하기 위해서는 세계관이라는 사고의 틀이 필요하다는 사실을 인정하였다. 그는 세계관을 "인생의 필수품"이라 부르며, 해석 없는 삶은 존재할 수 없다고 주장했다. 서로 다른 철학적 배경을 지닌 사상가들조차도, 세계관이 인간의 생각과 삶을 이끌어 주는 결정적 틀이라는 데에는 이견이 없었던 것이다.

이러한 점에서 '세계관이란 무엇인가'라는 질문은 단순한 개념 정의에 그쳐서는 안 된다. 세계관이 인간의 삶에서 어떠한 역할과 기능을 수행하며, 그것이 우리의 사고와 행동에 어떤 영향을 미치는지를 깊이 성찰하는 것이 더욱 중요하다. 실제로 이 세상에는 수많은 종교와 사상들이 존재하며, 각각의 원칙과 교훈을 통해 인간의 삶을 이끌어 준다. 그러나 세계관이 인생을 안내하는 나침반이자 해석의 지도로 작용한다는 점에서 본질적으로 인간이 선택할 수 있는 세계관은 두 갈래로 나뉜다.

하나는 성경에 계시된 창조주 하나님과 구원의 주 예수 그리스도, 그리고 진리의 영이신 보혜사 성령님의 말씀과 법도를 따르며 그 가르침에 순종하려는 이들의 세계관, 곧 '성경적 기독교 세계관'이다. 다른 하나는 하나님의 실재를 부정하고, 예수 그리스도를 통한 구원의 은혜를 거부하며, 인간이 만든 전통과 풍습, 종교와 사상을 따르는 이들의 세계관, 곧 '문화적 세계관'이다.

오늘날 한국 사회는 다양한 가치와 신념이 충돌하며 얽혀 있는 복합적인 문화 환경 속에 놓여 있다. 전통적인 유교 윤리, 불교적 인생관, 무속적 신앙 감정, 그리고 기독교 신앙이 병존하고 있으며, 여기에 근대 이후 서구에서 유입된 실증주의, 후기 근대의 상대주의, 포스트모더니즘까지 더해지면서 한국인의 정신 구조는 혼합성과 혼란이라는 이중적 특성을 띠게 되었다. 그 결과, 유교의 위계질서, 불교의 무욕(無慾), 무속의 초월 감정, 기독교의 은혜 신앙이 하나의 통일된 사상으로 정립되지 못한 채 병존하고 있다. 여기에 실용주의와 도구주의, 그리고 상대주의적 사고가 덧입혀지면서, 한국 사회 전반과 한국인의 사고 체계는 통합성과 일관성을 잃게 되었다. 이로 인해 사람들은 절대적 기준보다 개인의 감정과 유익을 중심으로 판단하고, 공동체보다 자아를 앞세우며, 진리보다 다양성과 관용을 더 가치 있게 여기는 방향으로 나아가고 있다. 이것이 바로 혼합된 세계관이 만들어 낸 현대 한국 사회의 정신적 풍경이다.

이처럼 혼합된 세계관이 형성하는 문화 속에서 한국인은 끊임없이 삶의 근본적인 질문들을 제기한다. "무엇이 옳은가?", "어떻게 살아야 하는

　　행복 인문학

가?", "무엇을 위해 살아야 하는가?" 그러나 이 질문들은 단순히 철학적이
거나 종교적인 사유에 머무르지 않는다. 그 밑바닥에는 인간이 세상을 어
떻게 이해하고 해석하느냐를 결정하는 보이지 않는 인식의 틀, 곧 세계관
이라는 구조가 존재한다. 어떤 세계관을 따르느냐에 따라 인간은 동일한
문제를 전혀 다른 방식으로 해석하며, 그에 따라 삶의 방향과 목적, 실천
양상도 전적으로 달라진다. 그러므로 오늘날과 같이 혼합주의적인 대한
민국의 세계관은 절대적인 진리와 규범을 갖추고, 통일되고 일관된 해석
의 틀을 제시하는 성경적 세계관으로의 변혁이 절실하게 요청된다.

제1장.
한국인의 뒤섞인 믿음, 혼란스러운 삶

우리는 참 많은 것을 믿고 살아간다.

하나님을 믿는다고 말하면서도 동시에 점을 보고, 조상의 영혼을 위로해야 한다고 여기며, 때로는 과학만이 진리라고 주장하기도 한다. 눈에 보이지 않는 초월적 세계를 두려워하면서도, 실제 삶의 판단 기준은 세상의 흐름과 유행을 따르기 쉽다. 한국인은 참으로 다양하고 복잡한 믿음의 구조 속에서 살아가고 있다.

문제는 단지 서로 다른 믿음이 공존한다는 데 있지 않고, 믿음이 뒤섞이면, 삶도 혼란스러워질 수밖에 없다는 데 본질적인 문제가 있다. 무엇이 옳은지, 어떻게 살아야 하는지, 인생의 방향을 어디에 두어야 할지에 대한 기준이 흐려질 때, 사람들은 내면의 혼란과 삶의 목적 상실을 겪게 된다.

이 장에서는 오늘날 한국 사회에 뿌리내린 다양한 신념과 가치 체계가 어떻게 혼합되어 있는지를 살펴보고, 그 혼합된 세계관이 왜 우리의 삶을 흔들고 방황하게 만드는지를 분석하려 한다. 그리고 나아가, 우리가 회복해야 할 참된 믿음의 구조, 즉 진리 중심의 세계관이 무엇인지에 대한 첫 발을 내딛고자 한다.

혼합된 믿음의 민낯

한국 사회는 표면적으로는 민주주의와 자본주의, 기술과 합리성이 정착된 현대 국가처럼 보인다. 그러나 그 내면을 들여다보면, 고대적 신념과 전통 종교, 외래 사상과 현대 철학이 한데 뒤섞여 복잡한 혼성 구조를 이루고 있다. 이러한 문화적 혼합은 단순히 종교의 다양성으로 설명될 수 없는 '혼란의 구조'로 작동하고 있다.

한국인의 정신세계에는 유교, 불교, 무속, 기독교, 자연주의, 실용주의, 그리고 포스트모더니즘이 한 개인 안에서 동시에 작동하는 기이한 장면이 펼쳐진다.

예를 들어 어떤 사람은 조상 제사를 지내며 무병장수를 기원하면서도, 일요일에는 교회에 나가 예배를 드리고, 필요할 때는 점집을 찾는다. 또 다른 사람은 복을 받기 위해 교회에 다니지만, 자녀의 진로는 사주팔자에 따라 결정하려 하고, 직장 생활에서는 철저히 성과 중심의 실용주의를 따른다.

더욱이 한국의 기독교 신앙도 결코 이 혼합 구조에서 자유롭지 않다. 기독교 신앙은 분명한 진리 위에 서야 하지만, 한국에서는 종종 무속적 감정 구조나 유교적 도덕주의, 심지어 불교적 운명론과 섞이면서, 기독교적 용어를 사용하지만 세계관은 세속적 혼합주의에 가까운 형태로 변질되곤 한다.

일상의 신념 속에 숨겨진 세계관의 혼합

많은 사람들은 자신이 분명한 신념을 가지고 있다고 생각하지만, 실제로는 그 신념이 서로 충돌하는 세계관에 기반하고 있는 경우가 많다. 다음과 같은 예를 생각해 보자.

직장에서 공정과 정의를 말하지만, 실제 행동은 사람과의 관계나 감정, 혹은 실리적 판단에 따라 달라진다. 자녀를 키울 때는 사랑과 교육의 중요성을 이야기하지만, 실상은 학벌 중심, 성적 중심의 경쟁 논리를 강요한다. 불의에 분노하면서도, 그 분노의 기준은 개인의 기분이나 집단적 이익에 따라 움직인다. 이처럼 일상의 윤리와 판단조차 혼합된 세계관 속에서 형성되고 작동하고 있는 것이다.

그러한 내면의 세계는 삶의 중요한 결정에서 더욱 뚜렷하게 드러난다. 즉, 결혼, 진로, 이직, 질병, 재난, 죽음과 같은 중대한 인생의 순간에 사람들은 종종 자신이 진정으로 무엇을 믿는지 드러내게 되는데, 그 순간 초월과 세속, 신앙과 운명, 감정과 이성, 과학과 신비주의가 얽힌 세계관의 혼돈이 그대로 드러난다.

왜 세계관의 혼합이 문제인가?

사람들은 말한다. "믿음은 개인의 자유다.", "다양한 관점이 공존할 수 있다." 그러나 문제는, 모든 관점이 옳을 수는 없다는 데 있다. 혼합된 믿음은 다채롭지만, 방향을 상실하게 만든다. 그러나 믿음이 혼합되면, 결국 삶의 기준도 흔들리고, 선택은 상황에 따라 변하며, 자기중심적 판단만 남게 된다. 이로 인해 우리는 다음과 같은 세 가지 혼란에 직면하게 된다.

첫째, 정체성의 혼란이다. "나는 누구인가?", "나는 무엇을 믿는 사람인가?"라는 질문에 대한 답이 분명하지 않기 때문에, 자신을 일관되게 인식하지 못하고 외부의 인정과 다른 사람의 시선에 휘둘리며 살게 된다.

둘째, 윤리적 판단의 혼란이다. 절대적인 옳고 그름의 기준이 사라지면,

 행복 인문학

도덕적 판단은 감정이나 실리, 혹은 여론에 따라 좌우된다. 그래서 정직, 성실, 공의, 책임 같은 가치가 형식적으로는 강조되지만 실제 행동에서는 무너지는 경우가 많게 된다.

셋째, 삶의 방향 상실이다. 어떤 인생을 살아야 하는지, 무엇을 위해 살아야 하는지에 대한 해답이 사라지면, 사람들은 현실에만 매달리고 순간의 유익만 추구하게 된다. 그 결과 삶은 피상적이고, 관계는 얄팍해지며, 공동체는 해체되고, 자아는 공허해진다.

이 모든 것은 결국 '생각의 틀'의 문제, 곧 세계관의 혼란에서 비롯된다. 그러므로 실재에 대한 믿음과 신념의 총합으로 형성되는 세계관은 반드시 진리에 정초되어야 한다. 진리에 정초되지 않은 세계관은 인생의 나침반이나 지도가 될 수 없는 것이다.

새로운 시작을 위하여

행복한 인생을 살기 위해서는, 감정과 환경에 따라 흔들리는 삶에서 벗어나 참된 기준과 진리에 뿌리내린 생각의 틀을 회복해야 한다. 그 출발점은 자기 안에 자리한 세계관이 무엇인지 자각하는 것이다.

세계관은 철학이 아니라, 세상과 우주 그리고 인생 전체에 대한 총체적인 관점이다. 사람은 무엇이든 믿어야 살아갈 수 있는 존재이다. 그 믿음이 무엇이든, 그것은 곧 세계관이 된다. 하나님을 믿든, 운명을 믿든, 나 자신을 믿든, 사람은 늘 세계관이라는 사고와 해석의 틀 안에서 살고 있는 것이다.

그러므로 우리는 단지 "나는 무엇을 믿는가?"라는 질문을 넘어서, "내가 믿고 있는 것이 진리인가?"라는 질문을 던져야 한다. 그리고 그 질문은 성경이 말하는 진리 중심의 세계관에서만 온전한 해답을 찾을 수 있다.

이 장은 혼합된 세계관의 실태를 드러내고, 그것이 왜 삶을 혼란스럽게 만들며, 진정한 행복을 방해하는지를 조명하였다.

이제 다음 장에서는, 한국인의 지성 구조와 철학의 부재가 이러한 혼합을 어떻게 가능하게 만들었는지를 더 깊이 살펴볼 것이다. 행복은 단지 기분의 문제가 아니라, 생각의 구조 문제이다. 행복한 인생은 바로 선 세계관 위에 세워질 수 있다.

제2장.

철학은 없고 지식만 있는 나라

생각이 단절된 사회의 풍경

한국은 교육열이 높고, 국민의 평균 학력 수준 또한 세계적으로 매우 높은 편에 속한다. 대학 진학률은 지속적으로 높아지고 있으며, 학부모들은 자녀의 입시와 학업 성취를 위해 막대한 시간과 비용을 투자한다. 초등학생이 대학수학능력시험 문제를 풀고, 중학생이 고등학교 선행학습을 시작하는 교육 환경은 이미 오랜 전통이 되어 버렸다. 외형상으로만 본다면, 한국은 세계에서 가장 지적인 민족 중 하나라 할 수 있을 것이다.

그러나 이 지식의 풍요로움이나 학벌의 높이가 곧바로 철학적 깊이나 인생의 통합된 이해로 이어지지는 않는다. 오히려 우리는 역설적인 현실 앞에 서 있다. 대학을 졸업하고도 인생의 방향을 정하지 못한 채 공허한 마음으로 시간을 보내는 청년들, 명문대 출신임에도 불안과 우울로 고통받는 중년들, 고학력자임에도 극단적 선택을 하는 사람들이 늘어나고 있다. 이는 단순히 개인의 문제가 아니라, 지식은 많지만 삶을 관통하는 철학이 부재한 사회 구조의 반영이라 할 수 있다.

철학이란 단지 철학자들이 다루는 학문만은 아니다. 인간이 세상과 자신을 이해하려 할 때 자연스럽게 발생하는 질문과 해석의 틀이 철학이며,

그 틀이 삶 전체를 바라보는 기본 시선이 된다. 철학은 "나는 누구인가?", "무엇이 옳은가?", "어떻게 살아야 하는가?"와 같은 질문에 답하려는 인간의 본능적인 시도이다. 이러한 철학이 개인의 내면과 문화 안에 내재될 때, 그것은 곧 세계관이라는 형태로 구체화되며 인생의 방향과 삶의 실천적 기준이 된다.

그러나 한국 사회는 오랜 역사 속에서 이 철학의 흐름이 단절되어 왔다. 조선시대의 성리학은 체계적 윤리를 제공했지만 근대 이후 근대화의 압박 속에서 서구 실용주의와 기술 중심 교육이 도입되면서 뒷전으로 밀려났다. 식민지 시기에는 사상과 철학이 통제되었고, 해방 이후 이념 대립과 산업화, 군사정권 시대를 거치며 한국 사회는 철학보다는 생존과 성과 중심의 교육과 문화를 선택했다. 그 결과, 인간에 대한 근본적 성찰보다는 정보와 기술, 점수와 결과를 중시하는 지식 편중 사회가 형성되었다.

한국의 공교육은 이러한 배경 위에 세워졌다. 교육과정은 철저하게 기능 중심과 암기 중심으로 설계되었고, 학교에서는 철학이나 종교, 윤리의 내면화를 지도하기보다는 성적과 진학 중심의 시스템을 가동해 왔다. 사고의 깊이를 키우는 독서보다는 단기간에 점수를 올릴 수 있는 문제 풀이가 중시되었고, 삶을 통찰하는 질문보다 단답형 정답을 외우는 방식이 반복되었다.

한국의 공교육이 철학을 배제한 데에는, 물질주의 시대에 맞춰 가치중립적인 과학 지식을 가르쳐야 한다는 시대적 명분이 있었다. 그러나 실제로는 인간 정신의 본질을 다루는 진리에 기초한 세계관과, 그에 따른 교육철학이 부재했기 때문이었다.

그 결과, 학생들은 열심히 공부했지만 인생이 무엇인지, 왜 살아야 하는지, 어떻게 살아야 하는지를 배우지 못한 채 성인으로 성장했다. 청소년기에는 대학 진학이 목적이 되었고, 청년기에는 취업과 안정된 직장이 목표가 되었으며, 성인이 된 이후에는 부와 지위를 좇는 데 인생을 소비하게 되었다. 이러한 삶의 구조는 결국 깊이 있는 자기성찰이나 인생의 근본 목적에 대한 질문을 무의식적으로 회피하게 만들었다.

이러한 세계관과 철학의 부재는 사회 전반에 걸쳐 다양한 문제를 야기하고 있다. 공공정책은 실용성과 인기 여론에 따라 방향을 바꾸고, 사회 갈등은 가치 기준의 부재로 인해 대화보다는 충돌로 번지기 일쑤다. 뉴스와 미디어는 단편적 자극과 감정적 프레임을 확대 재생산하고 있으며, 사람들은 짧은 영상과 자극적인 정보에 길들여지면서 깊은 사유보다는 즉각적인 반응에 익숙해지고 있다. 그래서 한국인의 삶은 점점 피상적이 되고, 관계는 얄팍해지며, 진지한 토론과 내면적 질문은 사라지고 있다.

더 심각한 문제는 이러한 철학의 단절이 신앙생활에도 그대로 반영된다는 것이다. 오늘날 많은 그리스도인들이 교회를 다니고 예배를 드리지만, 그들의 삶 전반에 성경적 세계관이 통합되어 있지 않다. 주일에는 경건한 그리스도인처럼 보이지만, 평일의 삶은 세속적 가치와 동일하게 흘러가며, 윤리적 기준이나 삶의 목적, 관계 속의 자세도 세상의 기준과 다르지 않다. 이는 성경적 진리가 삶 전체를 이끄는 중심이 되지 못하고, 신앙이 단지 종교 활동에 머물게 되었음을 보여 주는 사례다.

성경에 기초한 말씀 교육은 이루어지고 있지만, 그 말씀이 인간 존재, 사회 질서, 문화와 정치, 경제와 교육, 죽음 이후의 삶까지 해석하는 총체적 틀로 작동하지 않는다. 결국 성경은 개인적 위로와 문제 해결을 위한 도구로 축소되고, 교회 교육은 영적 감동을 일시적으로 제공하는 정서적 체험으로 전락한다. 세계관 교육이 배제된 신앙 교육은 신자의 신앙을 분절시키고, 인생의 근본 방향과 목적을 잃게 만든다.

이러한 현실을 직시하면, 우리는 한국 사회가 지금 겪고 있는 혼란이 단순한 정보 부족이나 도덕성 결핍 때문이 아님을 알게 된다. 그것은 삶의 전체를 조망할 수 있는 통합된 생각의 부재, 즉 철학과 세계관의 공백 때문이다. 우리는 수많은 정보를 알고 있지만, 그 정보를 삶으로 엮을 수 있는 기준을 가지고 있지 않다. 생각은 넘치지만 방향이 없고, 감정은 풍부하지만 통찰이 없다. 그래서 인간관계는 점점 힘들어지고, 삶의 의미는 점점 흐려지며, 행복은 점점 멀어지는 것이다.

이제 우리에게 필요한 것은 새로운 정보나 더 많은 지식이 아니다. 오히려 그 지식과 정보의 방향을 제시할 수 있는 바른 기준, 곧 진리 중심의 세계관이다. 그 세계관이 회복될 때, 우리는 다시금 '왜 살아야 하는가', '어떻게 살아야 하는가'라는 근본 질문에 응답할 수 있다. 철학이 회복될 때, 우리의 삶은 비로소 하나로 연결되며, 파편화된 사고에서 통합된 가치의 사람으로 변화되기 시작한다.

생각이 바뀌면 인생이 달라진다. 그리고 그 생각의 뿌리가 되는 철학과 세계관이 바로 설 때, 진정한 행복과 인생의 방향이 보이기 시작한다. 이제 우리는 그 방향을 찾기 위한 여정을 다시 시작해야 한다. 다음 장에서는 진리와 신화가 각각 어떻게 삶을 해석하고, 어떻게 인간을 이해하는지를 비교하면서, 세계관을 형성하는 기준의 중요성을 살펴보게 될 것이다.

제3장

진리를 잃은 시대, 무엇을 따를 것인가

방향을 잃은 사회, 흔들리는 삶

오늘날 우리는 누구나 생각할 수 있는 권리를 보장받는 자유로운 시대에 살고 있다. 누구나 자신의 의견을 말할 수 있고, 인터넷과 매체를 통해 원하는 정보를 손쉽게 얻을 수 있다. 한때는 지도자와 권위자들만 독점하던 지식이 이제는 대중 모두의 손안에 들어와 있다. 그러나 이러한 정보의 민주화가 곧 생각의 성숙과 인생의 방향 제시에 성공했는가를 묻는다면, 대답은 긍정적이기 어렵다. 오히려 현대 사회는 진리를 잃어버린 시대, 절대적인 기준이 실종된 시대가 되어 버렸다.

"당신에게 진리란 무엇입니까?"라는 질문을 던졌을 때, 사람들은 대부분 머뭇거리거나 자신의 기분이나 경험을 중심으로 답을 하려 한다. 과거에는 진리를 논할 때 그것이 참인지 아닌지, 삶에 적용 가능한지 여부가 중요했다. 그러나 지금은 '누가 말했는가'보다 '내가 어떻게 느끼는가'가 기준이 되고 있다. 사람들은 더 이상 진리를 찾으려 하지 않는다. 대신 각자가 믿고 싶은 것을 믿고, 보고 싶은 것만 보며, 듣고 싶은 말만 받아들인다. 이것이 바로 우리가 살고 있는 이 시대의 현주소다.

절대적 진리가 사라진 시대는 자유롭고 유연해 보일 수 있다. 다양한 관점이 공존할 수 있고, 개인의 의견과 감정을 존중하는 사회로 보일 수도 있다. 그러나 그것은 동시에 모든 판단이 흔들릴 수 있다는 것을 의미한다. 기준이 없는 사회는 결국 상대주의로 기울 수밖에 없고, 상대주의는 도덕과 윤리마저 개인의 감정이나 유익에 따라 판단하게 만든다. 그 결과, 옳고 그름의 구분은 사라지고, 진실과 거짓의 차이는 중요하지 않게 되며, 선과 악에 대한 분별은 해체된다.

현대 사회는 오히려 진리에 대한 논의를 불편해한다. 어떤 기준을 '옳다'고 말하는 순간, 그것은 타인의 생각을 침해하거나 차별로 비칠 수 있다는 두려움이 생긴다. 그래서 사람들은 신념보다는 중립을 택하고, 명확한 선언보다는 애매한 회피를 선택한다. 이러한 태도는 겉으로는 관용처럼 보이지만, 실제로는 진리에 대한 무관심과 회피일 뿐이다. 진리를 말하지 않는 사회는 점점 더 혼란스럽게 되고, 그 안에서 살아가는 사람들은 점점 더 불안해진다.

문제는 이러한 상황이 단지 철학이나 문화의 차원이 아니라, 삶의 실제적 방향에까지 영향을 미친다는 데 있다. 진리를 잃은 시대에 살아가는 사람들은 인생의 중요한 결정을 내릴 때에도 명확한 기준이 없기 때문에, 그때그때의 감정이나 환경, 사회적 유행에 따라 움직이게 된다. 결혼, 직업, 우정, 양심, 윤리, 죽음과 같은 중대한 인생의 문제조차도 판단 기준이 없어서 점쟁이, 무당, 지관에게 물어보며 그들의 지시를 받는다.

이처럼 진리를 상실한 사회는 삶 전체의 방향을 잃게 만든다. 방향을 잃은 삶은 흔들릴 수밖에 없고, 흔들리는 삶은 결국 깊은 불안과 공허 속으로 빠져들게 된다. 진리가 없다는 것은 단지 '무지함'이 아니라, 삶의 기준이 없다는 것을 의미한다. 기준이 없으면 삶은 방황하고, 방황은 결국 절

망으로 이어진다. 그것은 지식이나 정보의 문제가 아니라, 존재 전체의
위기다.

한국인은 세계 역사상 유례를 찾기 어려울 만큼 방황하는 민족이라 할
수 있다. 한국 사회는 겉으로 보기에 화려함과 생동감이 넘쳐 보이지만,
그 내면을 들여다보면 선한 미래를 꿈꾸는 인간 공동체라기보다는, 당장
의 생존을 최우선하는 본능적 사회에 가까운 모습이다. 한국은 급격한 근
대화와 서구화의 과정을 거치면서, 전통적인 가치 체계가 붕괴되고 새로
운 기준은 뿌리를 내리지 못한 채 혼재된 상태로 남아 있다. 유교적 위계
와 가족 윤리가 여전히 문화 속에 잔존하고 있지만, 실생활에서는 개인주
의와 효율 중심의 사고방식이 자리 잡고 있다. 사람들은 여전히 도덕과
체면을 말하지만, 실제 행동은 실익과 감정 중심으로 이루어진다. 이처럼
기준의 혼합은 결국 진리의 실종으로 이어졌고, 그것은 곧 삶의 혼란으로
나타나고 있다.

특히 디지털 시대에 들어서면서, 진리의 실종 현상은 더욱 가속화되고
있다. 정보는 넘쳐나고 있지만, 그것을 걸러내고 해석할 기준이 없기 때
문에 사람들은 자기 취향과 감정에 맞는 정보만 받아들이는 이른바 필터
버블(Filter Bubble) 속에 갇혀 산다. 알고리즘은 사용자의 성향을 반영하
여 맞춤형 콘텐츠만 제공하고, 뉴스와 영상은 조회 수와 반응 중심으로
왜곡되며, 사실보다는 자극이 중심이 되는 정보만 넘쳐나는 사회가 되었
다. 이런 상황에서는 더 이상 진리를 찾을 필요도 없고, 진리를 가르칠 동
기도 사라지게 된다.

심지어 신앙의 영역에서도 진리의 실종 현상은 나타나고 있다. 교회 안
에서조차도 절대 진리의 선포가 점점 줄어들고, 대신 사람들의 필요와 기

호에 맞춘 메시지들이 중심이 되기 시작했다. 예배는 감동과 경험 중심으로 변화되고, 설교는 진리의 선포보다는 위로와 공감에 초점을 맞춘다. 성경은 여전히 읽히고 있지만, 그것이 삶의 전 영역을 해석하는 기준이 되기보다는, 일시적인 문제 해결을 위한 도구처럼 사용되는 경우가 많다.

예수 그리스도는 진리가 곧 자신이라고 말씀하셨다. "예수께서 이르시되 내가 곧 길이요 진리요 생명이니 나로 말미암지 않고는 아버지께로 올 자가 없느니라"(요한복음 14:6)는 선언은 단지 종교적 고백이 아니라, 삶 전체의 방향과 해석의 기준을 제시하는 말씀이다. 그러나 오늘날 많은 이들은 이 말씀을 상징이나 관념으로만 받아들이고, 실제 삶의 구조 안에서는 여전히 세상의 기준과 감정 중심의 판단에 따라 살아간다. 그 결과, 신앙은 정체되고, 삶은 무기력해진다.

우리는 지금 어떤 진리를 따르고 있는가? 혹은 진리라는 단어를 일상에서 사용하고는 있는가? 이 질문은 단순한 이론적 물음이 아니라, 인생의 방향을 결정짓는 실존적 질문이다. 진리를 모르면 판단하지 못하고, 판단하지 못하면 선택하지 못하며, 선택하지 못하면 삶은 멈추게 된다. 결국 진리를 잃어버린 사람은 자기 인생을 살아가는 것이 아니라, 타인의 기대나 시대의 흐름에 휘둘리는 삶을 살게 된다.

진리는 무거운 것이 아니다. 오히려 진리는 우리를 자유롭게 한다. 진리를 안다는 것은 삶을 단순하게 만들고, 선택을 명확하게 하며, 존재의 중심을 다시 세우게 한다. 진리는 나를 묶는 것이 아니라, 나를 바로 세워주는 구조다. 진리를 따를 때 인간은 비로소 사람답게 살아갈 수 있고, 진리를 중심에 둘 때 사회는 건강하게 유지되고 발전하게 된다.

행복한 인생을 꿈꾸는 이들은 반드시 자신이 따르는 진리가 무엇인지,

 행복 인문학

그리고 그 진리가 정말로 자신을 이끌고 있는지를 자문해야 한다. 감정과 여론, 유행과 문화가 아닌, 절대적이고 변하지 않는 기준 위에 삶을 세워야 인생은 흔들리지 않는다. 그 기준은 인간의 생각에서 나오는 것이 아니라, 창조주 하나님의 말씀 속에 있다. 성경은 진리를 말하고, 그 진리는 우리의 삶을 해석하고 이끌어 준다.

이제 우리는 다시 진리를 붙들어야 한다. 진리를 알고, 사랑하고, 실천하는 삶이 회복되어야 한다. 그것은 단지 종교적 신념이 아니라, 삶 전체의 틀을 새롭게 정립하는 일이다. 진리를 잃은 시대일수록 우리는 더욱 분명한 기준 위에 서야 하고, 더욱 선명하게 말해야 하며, 더욱 온전히 살아 내야 한다. 진리를 붙드는 자만이 흔들리지 않는 인생을 살아갈 수 있고, 세상을 바르게 이끌 수 있다.

다음 장에서는 그러한 진리가 삶을 어떻게 해석하고, 신화와 어떻게 다른 구조로 작동하는지를 비교하면서, 인간이 무엇을 믿고 살아야 하는지를 더 깊이 성찰하게 될 것이다.

제4장

삶을 꿰는 세 가지 실마리

창조, 타락, 구속: 인간의 삶을 해석하는 성경적 관점

사람은 누구나 인생을 이해하고 싶어 한다. "나는 왜 여기 있는가?", "왜 세상은 이토록 고통스럽고 복잡한가?", "어떻게 살아야 의미 있는 삶이 될 수 있는가?"라는 질문은 어느 시대, 어느 문화권에서든 반복되어 왔다. 인간은 단순히 생존하는 동물이 아니라, 사물과 사건의 의미를 묻는 존재이다. 그러나 그 질문에 대한 답은 언제나 일관되지 않았다. 철학은 수많은 체계를 제시했지만 완전한 설명에 도달하지 못했고, 종교들은 다양한 내세(來世)관과 가치 체계를 제시했지만 모두를 설득하지는 못했다.

오늘날의 세계는 더욱 복잡해졌다. 과학은 세계의 기원을 말하지만 삶의 의미에 대해서는 침묵하고 있고, 심리학은 인간의 감정과 사고를 분석하지만 존재의 이유에 대해서는 설명하지 못한다. 사람들은 여전히 길을 묻고 있지만, 사회는 그 질문에 답하려 하지 않는다. 행복을 외치지만 정작 무엇이 행복인지 모르고, 자유를 외치지만 자유가 무엇을 위한 것인지 묻지 않는다. 삶은 갈수록 단편화되고, 인간은 점점 더 방향을 잃고 있다.

이러한 시대일수록 우리는 삶을 꿰뚫어 보는 통합적 해석 구조가 더욱 절실하다. 삶의 단편들을 연결하는 실, 인생의 조각들을 하나로 꿰어 주는 틀이 필요하다. 성경은 바로 이러한 점에서, 독창적이면서도 강력한 세계관의 구조를 제시한다. 그것은 바로 창조, 타락, 구속이라는 세 가지 역사적 관점에 기초한 통합적 서사이다. 이 구조는 단순한 종교적 내러티브가 아니라, 인간 삶의 본질을 해석하고, 모든 질문에 통합적으로 접근하게 하는 사고방식의 틀이 된다.

첫 번째 실마리는 '창조'이다. 성경은 인간이 우연히 생겨난 존재가 아니라, 하나님의 형상대로 지음 받은 존귀한 존재라고 말한다. 이는 인간이 단순히 생물학적 존재가 아니라, 목적과 사명을 가지고 태어난 존재라는 선언이다. 하나님은 인간에게 생육하고 번성하며, 땅을 다스리고 관리하는 역할을 맡기셨다. 인간은 피조물이지만 동시에 사명을 위임받은 존재이며, 하나님의 창조 질서 안에서 살아가도록 설계된 존재다. 이 사실은 인간에게 근본적인 가치와 의미를 부여한다.

그러나 두 번째 실마리인 '타락'을 이해하지 않으면 인간 현실은 설명되지 않는다. 지금 우리가 살고 있는 세상은 창조의 아름다움과는 너무도 거리가 멀다. 죄, 질병, 불의, 탐욕, 갈등, 파괴가 만연한 이 현실은 창조의 결과가 아니라, 타락의 결과다. 인간은 하나님의 뜻을 거부하고, 자율을 선택했으며, 그 결과 하나님과의 관계가 끊어지고, 피조 세계와의 조화가 무너지고, 인간 내면조차 왜곡되었다. 타락은 단지 도덕적 실패가 아니라, 존재 전체의 뒤틀림이다. 그래서 우리는 자기 자신조차 이해하지 못하고, 사랑하려 해도 상처를 주며, 정의를 말하면서도 불의를 행한다.

이러한 타락의 현실은 인간 스스로 해결할 수 없다. 인간은 병든 의사와 같아서, 문제를 인식하지만 스스로를 고칠 수 없는 존재다. 그래서 필요한 것이 세 번째 실마리인 '구속'이다. 성경은 이 구속이 단순한 교훈이나 종교적 노력으로 이루어지는 것이 아니라, 하나님이 직접 인간이 되셔서 인간의 죄를 대신 지고 십자가에서 죽으신 예수 그리스도를 통해 이루어졌다고 말한다. 구속은 죄의 용서일 뿐 아니라, 존재의 회복이며, 인생의 방향 전환이다. 구속을 통해 인간은 다시 하나님과 연결되고, 잃어버린 목적을 되찾으며, 회복의 여정을 시작하게 된다.

창조, 타락, 구속이라는 이 세 가지 실마리는 단순한 신앙의 요소가 아니다. 그것은 인간의 정체성을 규정하고, 삶의 현실을 해석하며, 미래의 소망을 제공하는 삶의 구조다. 이 틀 안에서 인간은 왜 고통을 겪는지를 이해하고, 왜 선을 원하면서 악을 행하는지를 설명할 수 있다. 또한 이 틀 안에서만 인간은 자신의 가치를 왜곡 없이 바라볼 수 있고, 자신이 어떻게 살아야 하는지에 대한 방향을 설정할 수 있다.

현대인은 끊임없이 선택하고 판단하며 살아간다. 그러나 그 판단의 기준은 점점 흐려지고 있다. 사회는 중립을 말하지만 실상은 방향을 잃은 상태이고, 교육은 다양성을 말하지만 그 다양성 속에 진리의 기준은 사라졌다. 사람들은 자유롭게 사고하라고 배우지만, 정작 무엇이 옳은 생각인지 가르쳐 주지 않는다. 그 결과 사람들은 더 많은 정보를 가지고 있지만, 더 깊은 혼란에 빠져 있다.

오늘날의 혼란과 가치의 혼동은 통합된 해석의 부재, 곧 세계관의 단절에서 비롯된다. 인간은 단편적인 경험과 감정, 사건과 기억을 품고 살아가지만, 그것들이 어떤 맥락 속에서 의미를 가지는지를 알지 못할 때 삶은 방향을 잃고 만다. 기쁨과 고통, 실패와 성공이 각각의 순간으로 흩어져 있을 뿐, 그것들을 하나의 선으로 꿰어 줄 해석의 틀이 없다면 인간은 살아 있어도 참으로 살아 있는 것이 아니며, 움직이지만 어디를 향하는지 알 수 없는 삶을 살게 된다. 이처럼 조각난 삶과 단절된 인식을 하나로 연결해 주는 구조가 바로 세계관이며, 그 가운데 성경적 세계관은 인간 존재와 역사를 가장 온전하게 설명하고 통합하는 해석의 틀을 제공한다. 지난 20여 년간 세계관을 탐구해 온 여정 속에서, 나는 성경적 세계관만이 인간의 삶을 바르게 해석하고 인생의 방향을 이끄는 나침반이자 지도가 된다는 확신에 이르게 되었다.

성경은 창조, 타락, 구속이라는 세 가지 핵심 구조를 통해 인간 삶의 시작과 왜곡, 그리고 회복의 여정을 보여 준다. 창조는 인간 존재의 고귀한 기원과 목적을 밝히고, 타락은 그 목적이 어떻게 훼손되었는지를 설명하며, 구속은 하나님의 은혜로 이루어지는 회복의 길을 제시한다. 이 성경적 구조는 단지 개인의 인생을 설명하는 데 그치지 않고, 역사와 문명 전체를 하나의 구속사적 맥락 안에서 조망하게 한다. 그 결과 우리는 자신의 시대와 문화 속에서의 위치와 사명을 올바로 인식하게 되며, 삶의 모든 조각들이 하나의 진리 안에서 의미를 찾게 된다. 그러므로 오늘날과 같이 혼란과 상대주의가 만연한 시대일수록, 절대적 진리와 통일된 해석의 틀을 갖춘 성경적 세계관으로의 전환과 변혁이 절실하다.

기독교 신앙은 단지 교리나 종교적 감정이 아니라, 삶을 해석하고 통합하는 성경적 세계관으로 작동할 때 비로소 삶 전체를 이끄는 진리로 기능하게 된다. 교회는 이 세계관을 가르치고 훈련하는 곳이어야 하며, 가정과 교육 현장은 이러한 통합적 사고를 심어 주는 곳이어야 한다. 그러나 한국 사회와 교회는 이 구조를 제대로 가르치지 못했고, 많은 사람들은 여전히 신앙과 삶, 생각과 행동, 감정과 진리 사이에서 분열된 채 살아가고 있다.

행복한 인생은 전체를 이해하는 데서 시작된다. 내가 누구인지, 왜 여기에 있는지, 왜 세상은 이토록 불완전한지, 그리고 어떻게 회복될 수 있는지를 아는 사람만이 흔들림 없이 살아갈 수 있다. 성경은 단지 천국을 약속하는 책이 아니라, 지금 여기에서 삶을 이해하게 하는 책이다. 우리는 창조, 타락, 구속이라는 성경적 세계관의 구조 안에서 비로소 삶을 통합적으로 이해할 수 있으며, 이러한 해석의 틀을 받아들일 때에만 인생은 하나의 일관된 의미로 구성된 이야기로 자리매김하게 된다.

이제 다음 장에서는, 그러한 통찰의 흐름을 따라 세계관의 뿌리를 형성하는 핵심 관점인 '진리와 신화의 차이'를 더 깊이 탐구할 것이다. 이는 '진리를 선택할 것인가, 신화를 따를 것인가'라는 물음이 단지 지적 동의의 문제가 아니라, 삶 전체의 방향성과 존재의 태도를 결정짓는 근본적인 결단이기 때문이다.

제5장

진리와 신화는 다르다

삶을 이끄는 해석 구조의 본질적 차이

모든 인간은 어떤 형태로든 해석의 구조를 가지고 살아간다.

누구든 세상을 이해하고, 삶의 의미를 부여하며, 행동의 방향을 결정하는 어떤 '생각의 틀'을 가지고 있다는 뜻이다. 그것이 바로 세계관이며, 이 세계관은 대체로 두 가지 뿌리 중 하나에서 비롯된다. 하나는 '진리'이고, 다른 하나는 '신화'이다. 인간은 이 둘 중 어느 하나를 따라 살아가게 되어 있다. 그리고 이 둘은 겉보기에는 비슷해 보이지만, 그 본질은 전혀 다르다.

진리는 인간 바깥에서 주어진 것으로, 변하지 않고 보편적이며, 옳고 그름의 기준을 세울 수 있는 절대적 구조다. 반면 신화는 인간 안에서 만들어 낸 것으로, 문화와 시대에 따라 변할 수 있고, 감정과 경험에 따라 유연하게 해석될 수 있는 상대적 구조다. 진리는 존재 자체를 해석하고 삶을 인도하는 나침반이 되지만, 신화는 인간의 불안을 달래고 세상을 설명하려는 시도로서 작동한다. 문제는 오늘날 대부분의 사람들이 사고와 판단의 기초를 진리보다는 신화에 두고 있다는 사실이다.

고대 사회는 신화를 통해 세상을 이해하고자 했다. 창세 신화, 영웅 신화, 자연 신화 등은 인간의 두려움과 희망, 생존과 죽음, 고통과 소망을 상징적으로 풀어낸 이야기였다. 이러한 신화들은 각 사회의 정체성과 질서를 형성하는 데 일정 부분 기여했지만, 그것이 객관적 사실이나 보편적 진리는 아니었으며, 본질적으로 사람이 만들어 낸 이야기였다. 신화는 시대와 문화의 요구에 따라 끊임없이 변화해 왔고, 성경 바깥의 세상은 오늘날에도 여전히 각 민족마다 서로 다른 새로운 신화를 만들어 가며 살아가고 있다.

반면 진리는 인간이 만들 수 없다. 진리는 인간 위에 있으며, 인간에게 계시된 것이며, 인간의 생각이나 감정에 따라 바뀌지 않는다. 진리는 존재의 근원에 대한 답이며, 삶을 올바르게 이끌기 위한 기준이다. 성경이 말하는 진리는 바로 그런 진리다. 하나님께서 세상을 창조하셨다는 사실, 인간이 죄로 인해 타락했다는 진단, 그리고 예수 그리스도를 통해 구속이 이루어졌다는 메시지는 단지 종교적 교리를 넘어, 인간의 삶 전체를 해석하는 통합된 진리 구조다.

신화는 이야기이고, 진리는 사실이다. 신화는 의미를 만들어 내려 하지만, 진리는 의미를 부여한다. 신화는 인간이 감당할 수 없는 두려움과 혼란을 상징적으로 정리하려는 문화적 시도이며, 진리는 그 혼란 속에 길을 제시하는 실재의 말씀이며, 존재의 기준이다. 현대 사회는 신화적 구조를 매우 다양하게 담고 있다. 과학을 신화처럼 신봉하거나, 인간의 자유를 절대화하거나, 자아실현이라는 말을 통해 인간 중심의 의미 부여를 시도한다. 그러나 그것은 진리가 아니다. 그것은 인간이 만든 해석이며, 결국 인간의 한계를 넘지 못한다.

오늘날 사람들은 종교는 신앙의 자유라며 선택의 문제로 치부하지만, 그 속에는 이미 신화 구조를 받아들일 것인가, 진리 구조를 받아들일 것

　　　　　　　　　　　　　　　　　　　　　行복 인문학

인가의 깊은 본질적 차이가 있다. 기독교 신앙은 단지 종교의 하나가 아니다. 그것은 진리를 계시로 받아들이고, 그 진리에 따라 삶을 재구성하며, 나의 생각과 판단이 아닌 하나님의 말씀을 기준으로 인생을 살아가겠다는 결단이다. 반면 많은 이들이 무의식적으로 따르고 있는 세계관은 신화적 구조를 따르고 있다. '운명', '팔자', '에너지', '기', '나만의 진리', '마음먹은 대로 이뤄진다' 같은 표현은 신화의 현대적 변형이며, 인간 중심적 해석이 불러온 환상이다. 그러므로 인간이 취해야 할 인생의 나침반과 지도는 성경적 세계관이 되어야 한다.

진리와 신화의 가장 큰 차이는 그 결과에 있다. 신화는 결국 사람을 자기 안에 가두고, 자기 생각의 틀 안에서 허우적거리게 만든다. 인간은 자기 자신을 절대화하지만, 동시에 자기 자신에게 실망하며 살아간다. 신화는 인간의 감정, 욕망, 상상력, 기대를 해석의 중심에 두고 그것을 신성화하거나 절대화하기 때문에, 위로는 줄 수 있어도 구원은 줄 수 없다. 그러나 진리는 인간을 자신 바깥으로 이끌며, 창조주 하나님과의 관계 회복으로 나아가게 만든다. 진리는 인간의 한계를 드러내지만 동시에 그 한계를 넘게 만드는 능력을 제공한다. 그래서 진리는 불편하지만 자유를 주며, 때로는 우리를 꾸짖지만 결국에는 우리를 회복시키고 성장하게 만든다. 진리는 인간이 아닌 하나님을 중심에 둔다. 인간은 피조물이며, 그분의 말씀 아래에서 살아갈 때 가장 자유롭고 인간답다. 진리를 따르는 삶은 순종과 경외를 요구하지만, 동시에 가장 확고하고 안정적인 기초 위에 세워진 삶이다.

문제는 현대인들이 이러한 진리와 신화의 차이를 구별하지 못한 채, 마치 그 둘이 같은 성질을 지닌 것처럼 혼용하고 있다는 데 있다. 신화는 감성적으로 끌리고 문화적으로 익숙하며 상징과 이야기로 감정에 호소한다. 그래서 쉽게 받아들여진다. 반면 진리는 때로는 논쟁적이고 윤리적이며, 변화를 요구하고 회개를 촉구하기 때문에 불편하게 느껴진다. 그러나 진리는 우리의 마음을 움직이기보다는, 우리의 삶을 변화시키는 힘을 가지고 있다.

기독교의 영향력이 약해진 사회에서는 진리의 언어가 점점 설 자리를 잃어 간다. 학교 교육에서는 절대적 가치를 말하기 어렵고, 공공 영역에서는 신념과 고백이 금기시된다. 미디어와 문화는 다원성과 포용성을 미덕으로 삼고, 신념보다는 태도를, 기준보다는 느낌을 중요시한다. 그러나 그런 사회일수록 진리가 더 분명하게 선포되어야 한다. 신화가 널리 퍼질수록 사람들의 삶은 더 불안해지고, 기준이 사라진 사회는 방향을 잃는다. 이 시대가 진리를 회피하는 이유는 단지 그 진리가 거짓이라서가 아니라, 그 진리가 불편하기 때문이며, 그 불편함이 바로 진리의 본질이기도 하다.

진리는 인간의 감정에 따라 흔들리지 않는다. 진리는 시간과 공간을 넘어 모든 시대에 통용되며, 인간의 내면뿐 아니라 역사의 흐름 전체를 일관성 있게 관리하고 통제하는 유일한 기준이다. 신화는 기억 속에 남지만, 진리는 삶 속에서 살아 움직인다. 신화는 인간의 기억 속에 머물지만, 진리는 하나님의 말씀으로 현재를 관통하고 미래를 인도한다. 진리는 죽은 것이 아니라 살아 있는 것이다. 그렇기에 우리는 이 살아 있는 진리를 붙들어야 한다.

진리를 붙드는 사람만이 흔들리지 않고, 흔들리지 않는 사람만이 자유롭고, 자유로운 사람만이 진정한 행복을 누릴 수 있다. 신화는 감정의 위

안을 줄 수는 있어도, 삶의 방향을 제시하지는 못한다. 방향이 없는 위로
는 결국 다시 혼란을 불러올 뿐이다. 그러므로 우리는 신화를 넘어서 진
리를 붙들어야 한다.

다음 장에서는, 왜 진리가 인간 삶의 중심 기준이 되어야 하는지, 진리
가 단순한 사상이 아니라 인간을 자유롭게 하고 삶을 완성시키는 핵심 구
조임을 자세히 살펴보게 될 것이다. 그때 우리는 진리를 붙드는 것이야말
로, 삶을 지혜롭게 살아가는 첫걸음임을 더욱 분명히 깨닫게 될 것이다.

제6장.

왜 진리가 삶의 중심 기준이 되어야 하는가

흔들리는 세상 속에 굳건히 설 수 있는 단 하나의 기준은 진리다

사람은 누구나 살아가면서 선택과 판단을 반복한다. 크게는 인생의 방향에 관한 선택에서부터, 작게는 일상의 말과 행동 하나하나에 이르기까지, 인간은 늘 어떤 기준에 따라 살아간다. 그러나 중요한 것은 그 기준이 무엇이냐는 것이다. 같은 상황에서도 사람마다 판단이 다르고, 같은 말을 듣고도 반응이 다른 것은 그들이 따르는 기준이 다르기 때문이다. 그리고 그 기준은 결국 그 사람이 무엇을 믿고 있는가, 곧 그 사람의 세계관에서 비롯된다.

세계관은 삶의 전체를 해석하는 틀이다. 그리고 그 세계관의 중심에는 반드시 어떤 기준이 자리 잡고 있다. 어떤 사람은 감정을 기준으로 삼고, 어떤 사람은 유익이나 손익을 기준으로 삼는다. 또 어떤 사람은 여론이나 다수의 의견을 따르고, 다른 누군가는 자신의 경험이나 관습을 기준 삼는다. 하지만 이 모든 것들은 상황에 따라 바뀔 수 있고, 문화와 시대에 따라 달라질 수 있으며, 절대적인 기준이 되기에는 너무도 불확실하다.

그래서 우리는 물어야 한다. 나는 무엇을 기준으로 옳고 그름을 판단하고 있는가. 나는 어떤 원칙을 따라 말하고 행동하며, 어떤 판단 기준으로

　　　　　　　　　　　　행복 인문학

인생을 결정하고 있는가. 이 질문은 단순한 도덕의 문제가 아니라, 인생 전체를 어떻게 살아갈 것인가를 결정짓는 본질적인 질문이다. 그리고 이 질문에 대한 유일하고 분명한 답이 바로 '진리'이다. 진리는 변하지 않는 기준이며, 진리를 기준 삼을 때 우리는 비로소 삶의 중심을 잃지 않고 살아갈 수 있다.

진리는 단지 이론이나 철학이 아니다. 그것은 존재의 구조이자, 인생을 해석하고 이끄는 실제적 토대이다. 진리는 옳고 그름을 구별하게 하고, 삶의 목적을 분명히 하며, 인간 존재의 가치와 한계를 동시에 인식하게 만든다. 진리를 기준 삼는다는 것은 단지 '정답'을 아는 것이 아니라, 인생의 모든 판단을 절대적인 기준 위에 두고 행하겠다는 삶의 자세이다. 그러므로 진리는 단지 지적으로 동의하는 개념이 아니라, 실존적으로 순종하는 삶의 토대다.

하지만 현대 사회는 이 진리를 기준 삼는 삶을 어렵게 만든다. 왜냐하면 이 시대는 상대주의가 지배하는 시대이기 때문이다. 모든 가치가 개인화되고, 모든 판단이 기호와 감정으로 해석되는 시대 속에서, 절대적 기준을 말하는 것은 시대착오적으로 여겨지기 쉽다. 사람들은 자신만의 진리를 말하고, 자신의 생각을 절대화하며, 타인의 기준을 판단하는 일에 거리낌이 없다. 그러나 그러한 상대주의는 결국 모든 것을 흐릿하게 만들고, 명확한 방향을 잃게 만든다.

진리를 기준으로 삼지 않는 삶은 결국 자기중심적이고 감정 중심적인 삶이 된다. 그 삶은 겉보기에는 자유로워 보일 수 있으나, 실제로는 방황과 충돌의 연속이며, 결국에는 공허와 분열로 귀결된다. 인간은 절대적 기준 없이 살 수 없으며, 반드시 어떤 형태로든 옳고 그름을 구별하려 한다. 그러므로 문제는 '기준이 있느냐 없느냐'가 아니라, '어떤 기준이 참된 기준이냐'는 것이다. 그리고 그 참된 기준은 인간 바깥에서 주어진 진리일 수밖에 없다. 그러면 무엇이 참 진리인가?

성경은 이 진리를 하나님께서 주셨다고 말한다. 하나님은 자신의 뜻과 성품을 계시하셨고, 그 계시의 절정이 예수 그리스도 안에서 드러났다고 선포한다. 예수 그리스도는 하나님의 진리 그 자체이시며, 그분의 삶과 말씀, 십자가와 부활은 진리가 인간 역사 속에 실재한다는 것을 보여 주는 사건이다. 그러므로 그리스도인은 단지 종교를 믿는 사람이 아니라, 삶의 기준을 하나님의 말씀과 예수 그리스도의 진리에 두는 사람이다. 이 진리를 붙드는 사람은 세상이 흔들릴지라도 그의 인생은 흔들리지 않는다.

진리를 기준으로 삼는 삶은 여러 면에서 차이를 만들어 낸다. 첫째, 판단의 기준이 분명하다. 상황에 따라 말을 바꾸거나, 감정에 따라 행동을 결정하는 것이 아니라, 진리가 말하는 것을 따르기에 일관성과 신뢰가 있다. 둘째, 관계의 중심이 선명하다. 인간관계는 본래 복잡하고 오해가 많지만, 진리를 기준으로 할 때 상대방을 존중하면서도 필요한 때에는 바른 말을 전할 수 있게 된다. 셋째, 삶의 방향이 명확해진다. 흔들리는 유행이나 여론이 아니라, 하나님이 기뻐하시는 삶을 목표로 삼기 때문에, 인생의 목적과 가치가 흔들리지 않는다.

하지만 진리를 기준으로 살아가는 삶은 결코 쉽지 않다. 때로는 사람들의 비난을 감수해야 하고, 외로움을 경험해야 하며, 자신에게 불리한 결정을 해야 할 수도 있다. 그러나 그것이 바로 진리를 따르는 삶의 길이며, 그 길 끝에는 하나님이 주시는 자유와 평강이 있다. 진리를 따라 사는 사람은 세상에서 손해 볼 수 있으나, 성경적 세계관의 관점에서는 오히려 가

             행복 인문학

장 지혜로운 삶을 살고 있는 것이다.

현대인들은 빠르게 바뀌는 세상 속에서 자신만의 기준을 찾으려 한다. 그러나 그 기준은 결국 문화의 산물이며, 개인의 기호에 불과한 경우가 많다. 어떤 사람은 자기 감정을 기준으로 삼고, 어떤 사람은 경제적 성공을, 또 다른 사람은 명예나 자아실현을 삶의 중심에 놓는다. 그러나 그러한 기준은 결국 인간의 한계를 벗어나지 못한다. 감정은 변덕스럽고, 성공은 불확실하며, 자아는 때로는 가장 불안정한 정서의 토대가 된다. 그래서 인간은 자기 자신에게 기대를 걸면서도, 그 기대에 늘 실망하고 살아간다.

그러므로 진리를 기준으로 삼는 삶이 오히려 자유롭다. 진리에 기초한 삶은 인간의 감정이나 상황에 따라 좌우되지 않으며, 외부의 평가나 비교에 흔들리지 않는다. 진리는 절대적이면서도 동시에 인격적이며, 거룩하면서도 동시에 자비롭다. 진리를 기준 삼는 삶은 경직된 삶이 아니라, 가장 유연하면서도 가장 강한 삶이다. 왜냐하면 그 삶은 자기 확신이 아닌, 하나님의 약속에 대한 신뢰에서 비롯되기 때문이다. 그러한 신뢰는 어떤 상황 속에서도 평강을 유지하게 만들며, 어떤 어려움 속에서도 방향을 잃지 않게 만든다.

진리를 기준으로 삼는 삶은 가정과 사회에도 선한 영향을 끼친다. 부모가 진리를 기준 삼고 자녀를 양육할 때, 그 가정은 안정되고 일관된 가치를 지닌다. 학교에서 교사가 진리를 기준 삼고 교육할 때, 학생들은 혼란 속에서도 분별력과 도덕성을 키우게 된다. 사회 전체가 진리를 존중하고 공동선을 추구할 때, 법과 제도는 신뢰를 얻고, 공동체는 지속 가능한 협력의 기반을 마련할 수 있다. 그러므로 진리를 기준 삼는 삶은 개인의 삶

뿐 아니라, 공동체와 문명의 기반을 형성하는 본질적인 요소이다.

우리는 더 이상 흔들리는 세상에 우리의 삶을 내맡길 수 없다. 판단의 기준이 사라진 사회는 결국 무정부적 감정의 시대가 되고, 기준 없이 이루어지는 선택은 결국 파괴적인 결과를 초래하게 된다. 그래서 이 시대는 무엇보다도 진리를 기준으로 삼는 삶의 교육이 필요하다. 왜냐하면 진리에 기초한 사회는 개인이 만들 수 있는 과업이 아니라 가정과 공동체 그리고 국가가 모두 합력해야 이룰 수 있는 일이기 때문이다. 그 진리는 성경 속에 있고, 예수 그리스도 안에 있고, 하나님의 말씀을 신뢰하는 삶 속에 있다. 우리는 그 기준을 붙들고, 그 진리를 가르치며, 그것을 따라 살아야 한다. 그럴 때 비로소 진리가 지배하는 사회에서 흔들리지 않고 하나님 앞에서 떳떳한 삶을 살 수 있게 되는 것이다.

다음 장에서는 진리란 무엇인가에 대한 보다 본질적인 철학적·신앙적 질문을 던지며, 진리 중심 세계관으로의 회복이 왜 지금 이 시대의 긴급한 과제인가를 함께 살펴보려고 한다.

제7장.

참된 앎은 어떻게 가능한가

지식의 시대를 넘어 진리의 삶으로 가는 길

인간은 본질적으로 '앎'을 추구하는 존재다. 사물에 이름을 붙이고, 원인을 탐구하며, 삶의 의미를 해석하려는 노력은 인류의 가장 깊은 본능 중 하나다. 철학자들은 이러한 특성을 '호기심의 본능', '이성의 기능', '진리 지향성' 등으로 설명해 왔다. 그러나 앎의 본질은 단순한 지식의 축적이나 논리적 사고를 넘어선다. 참된 앎은 '무엇을 아는가'보다도 '어떻게 알고, 왜 아는가'를 포함하는 삶의 방향성과 깊이 있는 성찰을 동반해야 한다. 이 장에서는 참된 앎의 의미, 그것이 어떻게 가능한지, 그리고 왜 진리 중심의 세계관이 앎의 본질을 회복하는 데 필수적인지를 고찰한다.

현대 사회는 전례 없는 정보와 지식의 홍수 속에 놓여 있다. 인터넷의 등장 이후, 우리는 클릭 한 번으로 전 세계의 뉴스와 연구 결과를 실시간으로 접할 수 있게 되었고, 스마트폰이 보급된 이후에는 그 지식이 손안의 도구로 바뀌었다. 초등학생도 인공지능 기술을 말하고, 청소년들은 최신 정치 이슈와 국제 정세를 분석한다. 그리고 수많은 자기계발서와 콘텐츠들이 성공, 관계, 감정 조절, 철학, 뇌과학까지 거의 모든 영역의 정보를 제공하고 있다. 그러나 이토록 많은 지식과 정보가 넘쳐나는 시대에, 우리는 여전히 묻지 않을 수 없다. "그런데 나는 진짜로 알고 있는가?"

지식이 많다고 해서 반드시 그것이 '앎'이 되는 것은 아니다. 정보는 쌓여도 통찰은 생기지 않을 수 있고, 기술은 발전해도 삶의 방향은 오히려 더 불분명해질 수 있다. 이는 '앎'과 '지식', '정보'와 '진리'가 서로 다른 차원에 속한 문제이기 때문이다. 참된 앎, 진정한 앎은 단순히 머리로 이해하고 암기하는 지식이나 정보를 넘어선다. 그것은 삶과 밀접하게 연결되고, 존재의 깊이와 맞닿으며, 실천과 책임을 동반하는 전인적이고 통합적인 인식이다.

고대 철학자들은 참된 앎을 '사랑'이라고 말하기도 했다. 플라톤은 진리를 향한 갈망을 에로스라 불렀고, 아리스토텔레스는 지혜를 습관을 통해 내면화된 앎이라고 보았다. 그들에게 앎이란 단지 학문적 통찰이 아니라, 인간의 삶을 향한 깊은 헌신이었다. 동양의 전통에서도 '앎'은 머리의 이해만이 아니라 몸의 실천과 연결되어 있었다. 공자와 맹자는 앎과 행함이 분리되어선 안 된다고 보았고, 불교의 깨달음도 앎과 존재의 통합을 추구했다. 그러나 불교가 추구한 깨달음은 '없음', '무아(無我)'였다.

성경 역시 앎을 단순한 인지로 보지 않는다. 성경에서 '안다'는 것은 전인격적 행위이며, 곧 사랑하고 믿고 따르는 행위를 포함하는 개념이다. 하나님을 아는 지식은 곧 그분을 경외하고 순종하는 것이며, 예수 그리스도를 믿는다는 것은 그의 교훈에 대한 단순한 동의가 아니라 전적인 신뢰와 헌신을 뜻한다. 그러므로 참된 앎은 감정, 이성, 의지의 통합 속에서 가능해진다.

하지만 현대 지식 구조와 교육의 체계는 이 모든 것을 분리시켜 버렸다. 감정은 감정대로, 이성은 이성대로, 의지는 의지대로 따로 작동하게 만들었고, 그 결과 지식은 단편화되었으며, 삶은 파편처럼 흩어졌다. 학생들은 많은 과목을 공부하지만 그것이 자신의 삶과 어떻게 연결되는지를 모르고, 성인들은 다양한 정보 속에 살지만 무엇을 위해 살아야 하는지에 대해선 답하지 못한다. 정보는 있는데 통찰은 없고, 설명은 넘치지만 의미는 사라졌다.

이런 시대에 '참된 앎'은 어떻게 가능한가? 그것은 다시금 진리 중심의 세계관을 회복하는 데서 시작된다. 진리 중심의 성경적 세계관은 삶의 모든 부분을 하나의 구조로 연결해 준다. 앎과 삶, 지식과 신앙, 이성과 감정, 존재와 행동을 분리하지 않고 통합시키는 틀이다. 그것은 하나님을 중심에 두고, 모든 실재와 사건, 생각과 감정, 판단과 실천을 그분의 뜻 아래에 두는 삶의 방식이다.

이러한 앎은 철저히 겸손을 요구한다. 인간은 스스로 모든 것을 알 수 있는 존재가 아니다. 아무리 과학이 발달해도, 인간의 감정과 관계, 죄의 문제와 생명의 의미를 스스로 설명하고 해결할 수는 없다. 인간은 자신이 만든 기준으로 자신을 재단하며 자율을 주장하지만, 동시에 그 자율 안에서 길을 잃고 방황한다. 그러므로 참된 앎은 항상 '자신을 내려놓고 하나님의 진리를 받아들이는 자세'에서 출발한다. 그것이 바로 경외이며, 그것이 바로 지혜의 시작이다.

성경은 "여호와를 경외하는 것이 지식의 근본이거늘 미련한 자는 지혜와 훈계를 멸시하느니라"(잠언 1:7)고 말한다. 이 말은 단순한 종교적 격언이 아니다. 인간이 진정한 앎에 이르기 위해서는, 자기중심의 사고에서 벗어나 하나님 중심의 시선으로 전환되어야 한다는 선언이다. 하나님의 말씀을 진리로 받아들이고, 그 말씀 안에서 나와 세상을 바라볼 때, 비로소 인간은 현실을 통합적으로 이해하고, 자신을 올바르게 인식하게 된다.

또한 참된 앎은 공동체 속에서 자란다. 개인적인 사유와 묵상도 중요하지만, 앎이 진정한 열매를 맺기 위해선 타자와의 소통과 나눔이 필요하다. 진리는 혼자만의 확신에서 끝나는 것이 아니라, 다른 사람들과의 관계 속에서 시험되고 정제되어야 한다. 그러므로 교회 공동체는 단지 신앙생활을 위한 공간이 아니라, 진리를 배우고 실천하며 함께 성장하는 세계관 학교가 되어야 한다.

무엇보다도 참된 앎은 실천을 동반한다. 알고도 행하지 않는 것은 진정으로 아는 것이 아니며, 실천 없는 지식은 결국 교만으로 흐르기 쉽다. 하나님은 말씀하신다. "귀 있는 자는 들을지어다"(마태복음 11:15). 이 말씀은 단지 정보를 듣는 것이 아니라, 마음으로 받고, 삶으로 반응하라는 초대다. 그래서 앎은 책임이며, 앎은 선택이다. 진리를 알았다는 것은 이제 그 진리 앞에서 결단하고 살아가야 한다는 뜻이다.

오늘날 우리는 너무 많은 것을 알고 있다. 그러나 우리는 정작 자기 자신을 잘 알지 못하고, 타인을 이해하지 못하며, 하나님과 세상을 온전히 해석하지 못한 채 살아간다. 앎이란 단지 외부의 정보를 축적하는 것이 아니라, 존재 전체를 통해 진리를 받아들이는 일이다. 그래서 참된 앎은 학문을 넘어 철학의 문제이며, 철학을 넘어 세계관의 문제다.

진리를 아는 사람은 자기가 아는 것을 자랑하지 않고, 오히려 더 알고자 갈망한다. 그 앎은 교만을 낳지 않고 겸손을 낳으며, 논쟁보다는 화해를, 비난보다는 사랑을, 경쟁보다는 섬김을 낳는다. 진정으로 아는 사람은 그것을 삶으로 살아 내며, 자신이 진리를 붙들고 사는 것이 아니라, 진리가 자신을 붙들고 있음을 고백하게 된다. 이것이 바로 참된 앎의 모습이다.

이제 우리는 질문해야 한다. 나는 진리를 알고 있는가? 나는 단지 지식의 일부를 소유하고 있는가, 아니면 진리 자체를 삶의 기준으로 붙들고 있는가? 참된 앎은 단지 인식의 문제가 아니라 존재의 문제이며, 그것은 진리 중심의 세계관 안에서만 가능하다. 이 세계관을 회복하는 일이야말로 이 시대를 사는 우리가 반드시 붙들어야 할 지적·도덕적·영적 사명이다.

다음 장에서는, 이 모든 논의들을 종합하여 진리 중심 세계관으로의 회복이 개인과 사회, 더 나아가 문화 전체를 어떻게 변화시키는가에 대한 비전을 함께 나누게 될 것이다. 앎은 시작이고, 세계관은 삶의 구조이며, 그 결론은 반드시 실천과 문화의 변화를 향해 나아가야 한다.

진리 중심 세계관으로의 회복

무엇을 믿고 어떻게 살아갈 것인가를 다시 묻는다

오늘날처럼 빠르게 변화하고, 복잡하게 얽힌 시대는 역사상 유례가 없다. 과학은 삶을 편리하게 만들었고, 기술은 상상조차 어려운 수준으로 발전했다. 정보는 넘쳐나고, 사람들은 그 어느 때보다 많은 것을 알고 있다. 그러나 그 지식의 풍요로움 속에서 인간은 오히려 더 혼란스럽고 더 불안하며 더 외로워졌다. 이유는 단순하다. 무엇이 참인지, 무엇이 옳은지를 잃어버렸기 때문이며, 그 모든 것을 꿰뚫어 줄 해석의 중심, 곧 '진리'라는 기준이 무너졌기 때문이다.

이 책의 제1부에서는 바로 그 진리 중심의 해석 구조, 곧 세계관이라는 눈으로 오늘날 한국 사회와 인간의 삶을 다시 들여다보고자 했다. 왜 세계관이 중요한가. 그것은 인간이 단지 생물학적으로 존재하는 존재가 아니라, 의미를 묻고 방향을 찾는 존재이기 때문이다. 세계관은 인간이 세상을 해석하고 살아가는 가장 근본적인 틀이며, 그것은 곧 인간의 생각과 판단, 감정과 결단, 행동과 습관에까지 영향을 미친다.

세계관은 누구나 갖고 있는 것이다. 그것이 무엇이든, 사람은 어떤 전제 속에서 살아간다. 문제는 그 세계관이 올바른가, 참된가, 인간의 삶과 역사를 바르게 해석할 수 있는가이다. 세계의 고등 종교들이 저마다 세계관을 말하지만 그들의 세계관은 인간의 생각과 행동을 바르게 인도하는 진리에 기초한 가치관과 윤리와 도덕에 대한 가르침보다 신과 교의에 대한 복종만 강요한다. 그러므로 인간의 삶을 인도하지 못하는 종교적 세계관은 그 종교의 교리일 수는 있어도 삶을 인도하는 포괄적이고 총체적인 세계관으로 인정될 수는 없다. 그래서 다양한 종교가 공존하는 한국 사회는 혼합된 세계관의 소용돌이 속에 있다. 전통의 유교 윤리와 불교적 세계관, 무속적 감성, 서구의 실용주의와 과학주의, 그리고 기독교 신앙이 분절된 채 공존하며, 사람들의 내면은 조각조각 나뉘어 있다. 이러한 혼합은 결국 옳고 그름의 판단을 흐리게 만들었고, 사람들은 상황과 감정에 따라 판단하며, 인생의 기준을 세우지 못한 채 살아간다. 오직 기독교가 가르치는 성경적 세계관만이 불편할 정도로 사랑이 중심이 되는 선한 가치를 가르치며, 윤리와 도덕적으로 올바르게 살아야 한다고 말한다.

철학은 사라졌고, 지식은 단절되었다. 사람들은 많은 것을 배우지만, 그 지식을 왜 배우는지, 어떻게 살아야 하는지를 묻지 않는다. 학교는 정보를 가르치지만, 인생을 가르치지 않는다. 교회조차 신앙의 구조는 전하지만, 세계관의 일관성을 심어 주지 못한다. 그 결과 우리는 신앙과 삶, 생각과 행동, 진리와 감정이 분리된 채 살아가고 있으며, 이러한 분열이 인생을 무기력하게 만들고 있다.

그렇다면 한국인은 어떤 세계관으로 전환하고 변혁을 이루어야 하는가. 그것은 바로 하나님의 진리에 기초한 성경적 세계관으로 가정과 사회와 국가를 경영하는 것이다. 인간은 창조주 하나님의 형상으로 지음 받았고, 하나님의 뜻 안에서 살아갈 때 가장 인간답고 가장 자유롭다. 그러나 인간은 타락했고, 자기중심의 해석 구조를 세웠으며, 그것이 오늘날 이 세계의 혼란으로 이어졌다. 교회의 십자가는 기독교의 상징이 아니라 하나님 나라의 표징이고 예표이다. 예수님의 지상명령, "내가 너희에게 분부한 모든 것을 가르쳐 지키게 하라 볼지어다 내가 세상 끝날까지 너희와 항상 함께 있으리라 하시니라"(마태복음 28:20)는 말씀은 교회를 향하여 만민을 구원하라는 명령이지 단순히 교회와 기독교를 지키라는 메시지가 아니다. 예수 그리스도의 구속은 단지 죄의 용서를 넘어, 인간의 삶 전체를 하나님의 백성으로 변화시키는 사건이며, 사고 판단의 기준을 하나님의 진리에 두어야 한다는 영원한 가르침이다.

진리 중심의 성경적 세계관은 창조, 타락, 구속이라는 신학적 구조 안에서 인간을 해석하고, 세상을 바라보며, 삶을 이끌어 간다. 이 구조는 단순한 종교적 내러티브가 아니라, 역사와 존재, 삶과 문화, 죽음과 영원에 대한 가장 통합적이고 실천적인 설명을 제공한다. 이것이야말로 인간이 붙들어야 할 해석의 틀이며, 이 틀 위에 삶의 기준을 다시 세워야 한다.

한국 사회에서 전통적으로 삶의 방향과 윤리의 기준을 제공해 온 유교와 불교는 오랜 문화적 영향력을 지닌 사상 체계이다. 그러나 이 두 사상은 진리 중심의 세계관이 요구하는 실재 해석과 삶의 변화를 이끌기에는 본질적인 한계를 지닌다. 유교는 인간의 도리를 강조하지만, 그 사상 구조는 기본적으로 지배 계층의 질서를 정당화하고, 가진 자의 권위를 유지하는 사회적 기제로 작용해 왔다. 백성과 피지배자의 고통은 예(禮)와 효(孝)의 명분으로 정당화되었고, 불의한 권력에는 순응이 미덕처럼 강요되었다.

불교는 인간이 인식하고 문제로 삼는 자아(自我)와 세계(世界)를 모

　　　　　　　　　　　　　　　　　　　행복 인문학

두 실체 없는 허상(虛像)으로 본다. 이러한 자아와 세계는 무지한 중생들의 번뇌에서 비롯된 망상이며, 실제로는 고정되고 불변하는 실체가 존재하지 않는다고 가르친다. 불교는 보이는 모든 현상을 무상한 연기(緣起)의 결과로 이해하며, 그 안에는 실재하는 자아가 없다고 보아 무아(無我)를 중심 사상으로 삼는다. 따라서 불교의 궁극적 목표는 '나는 누구인가'라는 존재론적 질문에 대한 외적 해답을 구하는 데 있지 않고, 스스로 사유하고 체험하며 깨달음을 얻는 데 있다. 이는 중현이 말한 것처럼, 불교는 스스로 고민하고 스스로 깨치며 무아의 의미를 자각하는 종교라는 점에서 분명히 드러난다. 이러한 불교의 세계관은 인간의 영혼이나 세계의 실체를 인정하지 않는다. 석가모니는 존재하는 모든 것은 허상이며, 존재에 대한 인간의 모든 생각은 억측에 불과하다고 보았다. 그는 '나는 어디서 와서 어디로 가는가', '이 세계는 누가 만들었는가', '나와 세계는 영원한가, 일시적인가'와 같은 세계관 차원의 궁극적 질문 자체가 무명(無明)에서 비롯된 것으로서 물음 자체가 잘못되었으므로 해체되어야 한다고 가르쳤다. 이러한 입장에서 붓다는 이와 같은 물음들에 대해 대답하기를 거부하거나 명확한 긍·부를 밝히지 않고 침묵함으로써, 그것들을 '무기(無記)'로 규정하였다. 그렇다면 불교는 어떤 세계관을 제시하는가? 불교에서 이 세상을 지배하는 것은 인격적 신(神)이 아니라 법(法, Dharma)이다. 이 법은 모든 존재가 업(業)의 결과로 윤회하며 수레바퀴처럼 돌고 있다는 것을 의미한다. 석가모니의 세계관에서 존재의 생성과 소멸은 창조주와 같은 절대자의 의지가 아니라, 인간이 만든 업의 원인과 조건에 따라 연기되어 나타나는 결과일 뿐이다. 따라서 불교는 세상의 모든 원리를 법과 연기(緣起)의 논리로 설명하며, 이러한 세계관을 '연기적 생성론(緣

起的 生成論)'이라 부른다. 즉, 이것이 있으니 저것이 있는 것이고, 저것이 없으면 이것도 없다는 논리가 연기적 생성론의 구조이며, 그것이 불교가 가르치는 세계의 본질이고, 인간 존재와 세상을 이해하는 해석의 틀이다.

반면 성경은 창조주 하나님이 계시하시고 구속하신 진리 위에 세계를 해석하며, 인간의 존재와 타락, 구원과 회복을 하나의 이야기로 설명하는 통합적이고 실제적인 해석의 틀을 제시한다. 인간은 하나님 안에서 의미를 찾고, 하나님을 기준으로 옳고 그름을 판단하며, 그분의 말씀에 따라 삶을 설계해야 한다. 이것이 바로 진리 중심의 성경적 세계관이며, 이 구조 안에서만 인생은 하나의 이야기로 꿰어지고, 모든 판단과 선택은 일관성을 가질 수 있다.

진리는 선언이다. 단순한 사상이 아니라, 삶 전체를 관통하는 중심축이며, 그것을 믿고 살아가는 사람은 흔들리지 않는다. 진리를 붙든다는 것은 옳고 그름의 문제만이 아니라, 인간의 존재 목적과 정체성, 공동체 안에서의 역할, 그리고 영원의 관점까지 통합하여 살아가는 삶을 의미한다. 이것이 성경적 세계관의 힘이며, 삶의 중심에 진리를 놓을 때 비로소 인간은 행복한 인생을 목표로 바른 길로 나아가게 된다.

진리를 기준 삼는 세계관은 분명 불편할 수 있다. 왜냐하면 그것은 나의 생각을 내려놓고, 하나님의 말씀에 순종하는 삶이기 때문이다. 그러나 그것이야말로 가장 인간적인 삶이며, 가장 행복한 삶이다. 진리는 우리를 억누르지 않고 자유롭게 하며, 우리를 정죄하지 않고 회복시키며, 우리를 부끄럽게 하지 않고 온전히 세워 준다. 그러므로 진리 중심의 세계관은 단지 기독교적 사상의 선택이 아니라, 인간다운 삶을 회복하기 위한 가장 본질적인 초대이다.

     행복 인문학

이제 우리는 다시 결단해야 한다. 진리를 중심에 두고 생각할 것인가, 아니면 감정과 세상의 논리에 흔들릴 것인가. 하나님은 우리에게 모든 것을 보여 주셨고, 말씀하셨고, 구속하셨다. 문제는 우리의 선택이다. 삶의 모든 영역에서 진리를 기준으로 삼고, 그 진리에 따라 생각하고 말하고 행동하며 살아갈 것인가. 그것이 이 책 제1부가 독자에게 던지는 궁극적 질문이며, 앞으로 전개될 가치관, 인생관, 내세(來世)관에 이르기까지 모든 생각과 논의의 출발점이다.

생각이 바뀌면 인생이 달라진다. 그러나 그 생각은 진리 위에 서야 한다. 진리 중심의 세계관이 회복될 때, 우리는 비로소 하나님 앞에서 사람답게 살아갈 수 있다. 그 회복의 여정을 이제 다음 장, 가치관 편에서 다시 시작하려 한다.

제2부

가치관
– AI 시대, 무엇을 기준으로 살 것인가

서문

우리는 지금, 인류 역사상 가장 빠른 속도로 기술이 발달하고 있는 시대에 살고 있다. 인공지능이 인간의 언어를 이해하고, 예술 작품을 창조하며, 자율적으로 결정을 내리는 수준에 도달하고 있는 이 시점에서, 사람들은 기술의 경이로움에 감탄하면서도 동시에 어떤 두려움을 감추지 못하고 있다. 기계가 인간을 대체할 수도 있다는 불안, 인간이 만든 시스템이 인간의 도덕적 판단을 앞서게 될지도 모른다는 위기감은 우리로 하여금 근본적인 질문을 던지게 만든다. '이 시대의 옳고 그름은 누가, 무엇이 판단하는가?' 이 물음은 곧바로 '가치관'의 문제로 이어진다.

가치관이란 인간이 삶 속에서 어떤 것을 중요하게 여기고, 어떤 기준으로 판단하며, 무엇을 선택할지를 결정짓는 내면의 기준 체계다. 가치관은 단순한 도덕이나 감정이 아니라, 삶의 우선순위와 행동 방향, 태도와 책임의 소재를 판단하는 기준이 된다. 세계관이 세상을 바라보는 해석의 틀이라면, 가치관은 그 세계관 위에 세워진 판단의 기둥이며, 옳고 그름을 판단하는 마음의 저울이다.

그런데 지금 우리 사회는 이 가치의 저울이 무너진 시대에 살고 있다. 옳고 그름, 선과 악, 의로움과 불의, 진실과 거짓, 책임과 방임 사이의 경

행복 인문학

계가 흐려지고 있다. 더 이상 무엇이 옳은지 분명히 말하지 못하고, 각자 자기 입장에서 자기 기준을 주장하기 때문에, 전체 사회는 점점 더 분열과 충돌, 혐오와 불신의 구조로 치닫고 있다. 모두가 자신의 '가치'를 말하지만, 그 가치는 공통의 기준 위에 세워져 있지 않고, 서로 다른 세계관과 욕망 속에서 충돌하고 있다.

이처럼 가치관이 혼란스러운 이유는 단지 윤리 교육의 실패 때문이 아니다. 그것은 '세계관의 기초 위에 가치관이 세워져야 한다'는 인식의 부재 때문이다. 세계관이 혼합되고, 진리가 해체된 시대에는 결국 가치의 기준도 상대화되고 다원화될 수밖에 없다. 사람들은 자신이 옳다고 믿는 것만을 따르고, 불편한 진실보다는 편리한 감정과 상황에 따라 판단한다. 그렇게 판단된 삶은 결국 진리를 떠난 채, 유행과 정서, 이익과 권력의 논리에 휘둘리게 된다.

특히 AI 시대의 도래는 이 문제를 더욱 첨예하게 만든다. AI는 인간보다 더 방대한 데이터를 학습하며, 수많은 인간의 패턴을 분석해 더 빠르고 합리적인 결정을 내릴 수 있게 되었다. 그러나 중요한 것은 AI가 '무엇이 옳은가'가 아니라, '무엇이 가장 가능성 있는 선택인가'를 따진다는 점이다. AI는 감정과 직관, 양심과 책임이 아닌, 확률과 효율성, 데이터 기반의 최적화된 선택을 지향한다. 그것은 판단이지, 결단이 아니다. 그것은 반응이지, 책임이 아니다.

따라서 AI 시대에 더욱 중요해지는 것은 바로 '인간만이 할 수 있는 가치 판단의 능력'이다. 그것은 감정이 아니라 신념이며, 정보가 아니라 기준이며, 학습이 아니라 확신이다. 인간은 단지 정보를 처리하는 존재가 아니라, 의미를 추구하고 책임을 감당하는 존재다. 그래서 진정한 인간다움은 가치관에서 드러난다. 내가 어떤 가치관을 가지고 살아가는가가 곧 내 인격이고, 내 철학이며, 내 인생의 품격이 된다.

그러나 한국 사회는 오랫동안 이러한 가치관 형성 교육에 실패해 왔다. 공교육은 지식 중심, 성취 중심, 평가 중심으로만 구조화되었고, 인성이나 가치, 윤리와 신념에 대해서는 사실상 무관심하거나 무기력했다. 종교 교육은 교리 중심에 머물며 가치 판단의 실제를 일상과 분리했고, 가정은 바쁜 현실 속에서 자녀들에게 생각할 시간을 주지 못한 채 생존과 경쟁에 내몰리게 했다. 결국 우리 사회는 '배운 것은 많지만 어떻게 살아야 할지를 모르는 사람들'로 가득 차게 되었다.

가치관은 결코 중립적일 수 없다. 그것은 반드시 무엇을 기준으로 삼을 것인가, 무엇을 옳다고 말할 것인가, 무엇을 더 소중하게 여길 것인가에 대한 판단을 포함한다. 그리고 그 판단은 반드시 세계관에 뿌리를 두고 있다. 어떤 사람은 자연주의 세계관 속에서 인간은 단지 진화한 동물이라고 생각하며, 생존이 곧 선이라는 실용주의적 가치관을 가질 것이다. 또 다른 사람은 개인의 감정과 자유를 절대화하며, '내가 원하는 것이 곧 나의 진리'라고 여긴다. 그러나 이러한 가치관은 결국 혼란과 충돌, 자기모순에 빠지게 된다. 왜냐하면 그 안에는 공통의 기준이 없기 때문이다.

그렇다면 진정한 가치관은 어디에서 오는가? 성경은 명확하게 말한다. 가치의 기준은 창조주 하나님의 성품과 말씀, 그리고 그분이 정하신 진리의 질서 안에 있다. 인간은 하나님의 형상대로 지음 받았고, 그 형상은 정의와 사랑, 진실과 자비, 질서와 책임의 가치를 추구하는 선한 본성을 지니고 있다. 그러나 인간은 선과 악을 스스로 정할 수 있는 존재가 아니라, 선과 악의 기준을 하나님으로부터 받아들이고 그것에 따라 살아가야 하

 행복 인문학

는 피조물이다. 그래서 성경적 가치관은 다음과 같은 특징을 갖는다.

첫째, 인간 중심이 아니라 하나님 중심이다.

둘째, 감정이 아니라 말씀을 기준 삼는다.

셋째, 유익보다 옳음을 앞세우며, 효율보다 진실을 따른다.

넷째, 자기실현보다 순종과 책임을 우선시하며, 사랑과 정의, 절제와 자비, 정직과 용서 같은 도덕적 가치가 모두 하나님과의 관계 안에서 형성된다.

AI 시대에 이러한 성경적 가치관은 단순한 윤리 지침이 아니라, 인간의 존엄성과 공동체의 질서를 유지하고, 삶의 방향을 바로 세우는 유일한 기준이 된다. 인간은 스스로를 기준 삼을 때 가장 쉽게 타락하지만, 하나님을 기준 삼을 때 비로소 자유롭고 고귀해진다. 진리 중심 가치관은 AI보다 더 빠르고 정확한 판단을 내릴 수는 없을지라도, 사랑과 책임, 용서와 회복이라는 인간만의 고유한 도덕적 능력을 가능하게 만든다. 그것이 바로 이 시대에 반드시 회복되어야 할 가치 판단의 틀이다.

이제 우리는 질문해야 한다. 나는 무엇을 옳다고 말하는가? 나는 어떤 기준으로 사람을 판단하고, 어떤 기준으로 돈과 권력을 사용하며, 어떤 기준으로 내 인생의 방향을 결정하고 있는가? 이 질문은 단지 윤리의 문제가 아니라, 나의 세계관 전체를 드러내는 질문이며, 나의 신앙과 삶과 인격, 그리고 공동체적 존재로서 현재와 미래를 결정짓는 열쇠다.

이 책의 제2부에서는 이제 이러한 성경적 가치관이 구체적으로 어떤 형태로 삶 속에 드러나야 하는지를 다룬다. 정직, 정의, 절제, 책임, 사랑과 같은 핵심 가치들이 단지 덕목이 아니라, 진리 위에 세워진 기준으로서 어떻게 개인과 사회를 변화시키는가를 살펴볼 것이다. 그리고 그 과정은

AI 시대를 살아가는 우리 모두에게 반드시 필요한 질문을 다시 묻게 만들
것이다. 지금, 나는 무엇을 기준 삼고 살아가고 있는가?

제1장

정직 - 진리 안에 서는 삶의 태도

거짓이 일상이 된 시대에 정직함은 왜 더 절실한가

정직은 누구나 소중하다고 말하면서도, 실제로는 가장 지키기 어려운 가치 중 하나다. 어린 시절부터 우리는 정직한 사람이 되라는 가르침을 듣고 자라왔다. 그러나 현실로 나아가면, 정직은 오히려 불이익을 가져오는 것으로 여겨지고, 눈치와 계산, 체면과 유익이 정직보다 앞서는 경우를 자주 목격하게 된다. 사람들은 정직을 미덕이라 부르지만, 실제 삶에서는 정직이 선택되지 않는 일이 다반사다. 왜 그런가? 정직이 무너진 시대에, 진리 안에 서는 삶은 어떻게 가능한가? 이 질문은 단순한 윤리 교훈의 문제가 아니라, 인간의 존재와 공동체의 신뢰, 그리고 사회 전체의 운명을 가르는 중요한 가치 문제다.

현대 사회는 거짓이 구조화된 세계다. 언론은 사실보다는 프레임을 만들고, 정치인은 진실보다는 전략을 구사하며, 기업은 정직한 생산보다는 이미지와 브랜드를 중시한다. SNS는 실제보다 꾸며진 자아를 전시하게 만들고, 학교는 사고보다 정답을 요구하며, 교육은 진리를 가르치기보다는 점수를 올리는 전략에 집중한다. 우리는 이러한 환경 속에서 자연스럽게 '정직'이라는 가치를 상대화하고, 타협과 왜곡, 감춤과 조작 속에 길들여진다. 그래서 거짓은 어느 순간 익숙한 것이 되고, 정직은 어리석은 것으로 치부된다.

그러나 거짓은 인간을 병들게 한다. 자기 자신에게 거짓말을 반복하는 사람은 자아를 잃게 되고, 관계 속에서 거짓이 반복되면 신뢰는 무너진다. 신뢰를 잃은 개인은 도태되고 신뢰가 무너진 공동체는 결국 붕괴하며, 거짓에 기반한 문명은 지속될 수 없다. 정직은 단지 도덕의 문제가 아니라, 존재의 문제다. 거짓은 인격을 왜곡시키고, 삶을 비틀게 하며, 결국 인간을 고립과 불신의 어둠 속으로 몰아넣는다. 반면 정직은 사람과 사람 사이에 신뢰의 다리를 놓고, 개인의 내면에 일관성과 용기를 불어넣는다. 정직한 사람은 외부의 칭찬보다 자신의 자아 앞에서 부끄럽지 않은 삶을 살아간다.

정직은 진리의 열매다. 진리를 중심에 두고 살아가는 사람은 자신의 말과 행동, 감정과 판단이 일치되기를 바란다. 정직은 진리의 빛 안에 자신을 노출시키는 용기이며, 실수와 연약함을 감추지 않고 인정하는 겸손이다. 성경은 정직을 하나님과의 관계뿐 아니라, 공동체와 사회, 인간관계에서 지켜져야 할 윤리 규범으로 가르친다. "의인의 길은 정직함이여 정직하신 주께서 의인의 첩경을 평탄하게 하시도다"(이사야 26:7). "그런즉 거짓을 버리고 각각 그 이웃과 더불어 참된 것을 말하라 이는 우리가 서로 지체가 됨이라"(에베소서 4:25).

AI 시대에 정직의 가치는 더 중요해진다. 인공지능은 데이터에 기반한 판단을 할 수 있지만, 도덕적 책임이나 내면의 일관성을 가질 수 없다. 사람은 기계와 달리 말과 행동 사이의 일치, 생각과 감정의 정직함, 타자에 대한 배려와 자신에 대한 성찰을 통해 존재의 진실성을 지켜야 한다. 그

　　　　행복 인문학

러나 현실은 오히려 정직을 더욱 어렵게 만든다. 가짜 뉴스와 허위 정보, 포장된 자기표현과 조작된 통계, 표면적 성공과 감춰진 불의가 만연한 사회 속에서, 정직하게 산다는 것은 거대한 역류를 거슬러 올라가는 것과 같다.

그래서 정직한 삶에는 고통이 따른다. 정직한 말은 때로 갈등을 유발하고, 정직한 고백은 부끄러움을 드러내며, 정직한 선택은 손해를 가져오기도 한다. 그러나 그 고통은 결국 회복과 성장의 시작점이 된다. 정직한 사람은 사람들의 시선이 아니라, 하나님 앞에 서는 마음으로 살아간다. 그는 자기 이익보다 하나님의 기쁨을 우선시하고, 자기 명예보다 내면의 평안을 소중히 여긴다. 정직은 하나님 앞에 있는 삶이며, 그것은 그 어떤 상황 속에서도 진실을 따르는 삶이다.

정직은 또한 공동체를 살린다. 정직한 부모는 자녀에게 진리의 기초를 세워 주고, 정직한 교사는 학생에게 올바른 기준을 심어 주며, 정직한 지도자는 공동체를 건강하게 이끈다. 반면 거짓은 쉽게 퍼지며, 공동체를 오염시키고, 사람들 사이의 신뢰를 무너뜨린다. 거짓은 작은 타협에서 시작되지만, 그것이 구조화되면 전체 사회를 무너뜨린다. 그래서 정직은 한 개인의 미덕이 아니라, 공동체 전체의 생존을 좌우하는 가치를 이룬다.

정직은 결국 진리를 사랑하는 태도다. 그것은 사람들의 눈을 의식하지 않고, 하나님 앞에서 숨지 않으며, 빛 가운데로 걸어가려는 마음이다. 우리는 거짓이 보상받는 세상에서 살아가고 있지만, 그 속에서도 진리를 붙들고 정직하게 살아가려는 태도는 이 시대를 밝히는 등불이 된다. 정직은 외로운 길이지만, 동시에 하나님과 동행하는 길이다. 그것은 잃어버리는 길처럼 보이지만, 결국은 가장 온전한 열매를 맺는 길이다.

다음 장에서는 이러한 정직의 가치가 사회적 정의와 어떻게 연결되는지를 살펴볼 것이다. 정직한 사람은 단지 거짓말을 하지 않는 사람을 넘어, 하나님의 의를 이 땅에서 실현하고자 하는 삶의 결단이다. 정직은 시작이고, 정의는 정직함이 세상 속으로 나아간 열매다.

제2장

정의 - 하나님의 기준으로 판단하는 삶

모두가 '정의'를 말하는 시대, 그러나 누구의 정의인가

오늘날 '정의'는 시대를 대표하는 언어 중 하나가 되었다. 거리의 시위에서도, 정치인의 연설 속에서도, 청년들의 담론 속에서도, 심지어 광고와 상품의 마케팅 문구 속에서도 '정의'는 빠지지 않는다. 누구나 정의를 말하고, 정의를 요구하며, 정의롭지 못한 것을 고발하고자 한다. 그러나 아이러니하게도, 정의라는 말이 흔해질수록 우리는 더욱 혼란스러워진다. 과연 누가 정의를 말할 자격이 있는가? 정의란 무엇인가? 그리고 그것은 누구의 기준에서 판단되는가?

정의는 단지 공정함이나 형평성만을 의미하지 않는다. 정의는 인간 존재의 근원적인 물음, 곧 '무엇이 옳은가?', '왜 그것이 옳은가?', '그 옳음을 누구를 위해 어떻게 실현할 것인가?'라는 윤리적, 도덕적, 실천적 차원의 복합적 가치 판단이다. 그리고 이 질문에 대한 대답은 반드시 '기준'에 달려 있다. 정의는 중립이 아니라, 반드시 누군가의 기준에 의해 실현된다. 문제는 오늘날 이 기준이 혼란에 빠져 있다는 사실이다.

현대 사회는 점점 더 정의의 기준을 감정과 여론, 이익과 정치성 속에서 판단하고 있다. 어떤 사람은 개인의 자유를 정의의 핵심이라 말하고,

어떤 사람은 약자를 보호하는 것이 정의의 본질이라 말하며, 또 다른 사람은 다수의 선택이 정의라고 말한다. 그러나 이러한 기준들은 각기 다르고, 때로는 충돌하며, 궁극적으로는 보편성과 절대성을 상실하게 된다. 결국 정의는 누구에게는 선이고, 누구에게는 억압이며, 누구에게는 위선으로 비칠 수밖에 없는 상대적 개념으로 전락한다.

이러한 정의 개념의 혼란은 단지 철학의 문제를 넘어, 실생활 속에서 매우 심각한 파장을 불러온다. 법 앞에 평등하다는 원칙은 실상 경제적, 사회적 지위에 따라 차별적으로 적용되고, 정의를 외치는 목소리는 때때로 정치적 이익이나 감정적 분노에 의해 이용되며, 미디어는 진실보다 편향된 프레임을 만들어 정의의 방향을 왜곡시키기도 한다. 그러는 사이, 진정한 정의는 사람들의 기억 속에서 점점 멀어져 간다. 사회는 정의를 원하지만, 정의는 존재하지 않는 듯 보이고, 사람들은 결국 '정의란 실현될 수 없는 이상'이라며 체념하게 된다.

그러나 성경은 전혀 다른 관점을 제시한다.

성경에서의 정의는 인간이 스스로 만들어 내는 이상이나 합의가 아니라, 하나님께서 선포하신 절대적 기준과 성품의 표현이다. 하나님은 공의로우신 분이며, 진리와 정의로 그분의 나라를 다스리신다. 따라서 성경적 정의는 하나님의 뜻과 질서를 이 땅에 구현하는 것이다. 그것은 단순히 법적 공정함을 넘어서, 하나님과의 바른 관계, 이웃과의 사랑의 실천, 사회적 책임과 회복의 열매로 드러나는 삶의 방식이다.

성경에서 정의란 올바른 것을 판단하는 것뿐 아니라, 그 올바름을 삶과 공동체 속에서 구체적으로 실현하려는 의지와 행동이다. 구약의 예언자들은 반복해서 정의를 실천하지 않는 이스라엘을 책망했다. 재판에서 뇌

물을 받고, 고아와 과부의 억울함을 외면하며, 약자를 착취하고도 예배를
드리는 이스라엘을 하나님은 '의로움 없는 예배'로 책망하셨다. 하나님께
서 원하시는 제사는 "오직 정의를 물 같이, 공의를 마르지 않는 강 같이 흐
르게 할지어다"(암 5:24)라는 말씀에 대한 순종이었다. 예배보다 더 중요
한 것은 정의였고, 정의 없는 신앙은 하나님께서 미워하시는 외식에 불과
했다.

예수 그리스도의 삶은 정의의 구현 그 자체였다. 그는 차별받는 자, 죄
인, 병든 자, 여인, 이방인에게 다가갔고, 불의한 종교 권력자들과 기득권
체계에 맞서 진리를 선포했다. 그는 가난한 자에게 복음을 전하셨고, 눌
린 자를 자유케 하셨으며, 종교가 만든 거짓된 의로움을 깨뜨리셨다. 그
분의 십자가는 인간의 죄에 대한 하나님의 정의를 온전히 성취하면서도,
동시에 사랑과 용서로 그 정의를 완성한 사건이었다. 그러므로 성경적 정
의는 냉혹한 심판이 아니라, 거룩한 사랑 안에서 실현되는 회복과 구원의
역사다.

AI 시대, 정의의 문제는 더욱 복잡해지고 있다.

AI는 수많은 데이터를 기반으로 최적의 선택을 계산하지만, 그 과정에
는 정의에 대한 기준이 포함되어 있지 않다. 알고리즘은 편향된 데이터에
기반해 결과를 도출할 수 있으며, 인간이 의도적으로 설계한 기준에 따라
약자에게 불이익을 줄 수 있다. 인간의 가치관이 잘못되면, AI는 그 오류
를 그대로 재현하거나 심화시키기까지 한다. 이때 필요한 것은 더 정교한
기술이 아니라, 더 신뢰할 수 있는 윤리적 기준, 곧 '정의의 본질'을 다시
세우는 일이다.

성경적 세계관은 우리에게 그 기준을 제시한다.

하나님의 말씀은 단지 교훈이 아니라, 삶을 이끌고 사회를 정의롭게 재구성하는 힘이다. 성경이 말하는 정의는 단지 제도나 법률의 문제가 아니라, 인간의 마음과 공동체의 구조, 권력과 자원의 사용 방식, 말과 행동의 정직함에까지 영향을 미친다. 성경적 정의는 하나님 앞에서 나 자신을 돌아보는 회개의 구조이며, 이웃 앞에서 내가 어떻게 살아야 하는지를 분별하는 사랑의 책임이다. 성경적 세계관이 가르치는 정의는 타인을 고발하기에 앞서, 먼저 나를 성찰하게 하고, 변화의 삶을 시작하게 만든다.

우리가 말하는 정의는 종종 감정적 분노와 함께 분출된다. 그러나 성경적 세계관은 사람의 분노는 하나님의 의를 이루지 못한다고 본다. 하나님이 원하시는 정의는 분노의 에너지가 아니라, 거룩한 기준에 따른 사랑과 책임의 실천이다. 그것은 냉정하게 판단하고, 따뜻하게 행하는 삶이다. 정의는 약자 편을 드는 것이 아니라, 하나님 편에 서는 것이며, 하나님이 세우신 질서와 뜻을 따르는 것이다. 그래서 때로는 다수의 편에 서지 않을 수도 있고, 사회의 유행과도 반대되는 길을 걸어야 할 수도 있다. 그러나 진정한 정의는 언제나 진리 위에 서 있으며, 그 진리는 언제나 사람을 살리고 공동체를 회복시킨다.

하나님의 기준으로 정의를 판단하는 삶은 결코 쉬운 삶이 아니다. 그것은 타협하지 않는 용기를 요구하고, 손해를 감수하는 결단을 필요로 하며, 때로는 외로움을 견뎌야 하는 길이다. 그러나 이 길만이 진정한 평화를 낳고, 사람을 바로 세우며, 하나님 나라를 이 땅에 증언하는 삶이 된다. 정의는 거대한 구호가 아니라, 작은 진실 하나를 지키는 태도에서부터 시작된다. 공정하게 말하고, 약자의 입장을 귀 기울여 듣고, 공동체를 위해 내 몫을 내려놓고, 보이지 않는 곳에서 바르게 행동하는 삶. 이것이 하나님의 기준으로 정의를 살아 내는 삶의 실제이다.

이제 우리는 물어야 한다. 내가 정의롭다고 말하는 그 기준은 누구의 것인가? 내가 분노할 때, 그 분노는 하나님의 의에서 나온 것인가, 나의 감정에서 비롯된 것인가? 내가 약자를 돕고자 할 때, 그것은 하나님의 사랑에서 우러나온 것인가, 아니면 내 도덕적 우월감의 표현은 아닌가? 정의는 하나님을 아는 사람만이 진정으로 실현할 수 있다. 하나님을 알 때에야 비로소 인간의 연약함을 알 수 있고, 인간을 알 때에야 비로소 정의가 냉정이 아니라 은혜 속에 실현되어야 한다는 사실을 깨닫게 된다. 진리 안에서만 정의는 정의일 수 있으며, 그 정의는 인간의 삶을 부수는 칼이 아니라, 다시 세우는 손이 되어야 한다.

다음 장에서는 자유에는 책임이 따른다는 진리를 다루고자 한다. 즉, 자유로운 사람은 책임질 줄 아는 사람이고, 책임질 줄 아는 사람은 타인을 존중할 수 있는 성숙한 사람이라는 진리를 논의하고자 한다.

제3장

책임 - 자유에는 책임이 따른다

참된 자유는 책임을 감당할 수 있을 때 이루어진다

오늘날 사람들은 자유를 외친다. 생각의 자유, 표현의 자유, 종교의 자유, 경제 활동의 자유, 교육의 자유, 심지어 성적 정체성과 생명에 대한 결정권까지도 자유라는 이름 아래 논의되고 있다. 그러나 '자유'라는 말이 반복되고 확장될수록, 정작 그 자유를 책임 있게 감당하는 사람은 점점 줄어들고 있다. 자유는 권리가 되었고, 권리는 요구가 되었으며, 요구는 때로 분노로, 분노는 무책임한 분열로 이어지고 있다.

과연 우리는 자유를 올바르게 이해하고 있는가? 그리고 우리는 자유로운가? 그 자유는 누구에게서 왔고, 누구를 위한 것이며, 어떻게 사용되어야 하는가? 이 질문은 단지 정치적 철학이나 법적 권리에 관한 문제가 아니다. 이 질문은 곧 인간이 누구인지, 삶을 어떻게 살아야 하는지, 도덕과 질서, 공동체와 관계 속에서 어떻게 존재할 것인지에 대한 깊은 존재론적 질문이다. 자유는 단순히 무제한 선택의 가능성이 아니라, 선택한 것에 대한 도덕적 책임과 영적 책임을 포함한 전체 인격의 결단이다. 따라서 책임 없는 자유는 자유가 아니며, 그 자체로 인간과 공동체를 파괴하는 위험한 무기일 수 있다.

현대 사회는 자유를 절대화했다. 모든 영역에서 자율성과 자기결정권이 강조되었고, 타인의 간섭 없이 살아갈 권리가 강조되었다. 그러나 그 과정에서 우리는 한 가지를 잊었다. 책임을 감당하지 않는 자유는 방종이 된다는 사실이다. 자유는 본래 경외심과 절제, 분별과 헌신이라는 뿌리 위에서 자라는 것이며, 책임이 동반되지 않은 자유는 스스로를 무너뜨리는 자유일 뿐이다.

성경은 자유에 대해 매우 독특하고 깊이 있는 시각을 제공한다. 성경에서 자유란 하나님의 뜻 안에서, 죄와 정욕, 두려움과 미혹에서 벗어나 하나님을 섬기며 이웃을 사랑할 수 있는 해방된 상태이다. 하나님은 이스라엘 백성을 애굽의 노예 상태에서 해방시키셨지만, 그 해방은 방임이 아니었고, 하나님의 법을 따르는 백성으로의 거룩한 부르심이었다. 예수 그리스도를 통한 구속 역시 마찬가지다. 신약은 "진리를 알지니 진리가 너희를 자유롭게 하리라"(요한복음 8:32)고 선언하지만, 그 진리가 말하는 자유는 하나님께 순종함으로써 누리는 거룩한 자유다. 즉, 성경에서 자유는 절대 방종이 아니다. 그리스도 안에서 우리는 율법의 형식에서 해방되었지만, 그 해방은 오히려 서로 사랑으로 종노릇하라는 부르심으로 이어진다. 사도 바울은 "모든 것이 내게 가하나 다 유익한 것이 아니요 모든 것이 내게 가하나 내가 무엇에든지 얽매이지 아니하리라"(고린도전서 6:12)고 말하면서도, 자신의 자유를 이웃의 유익과 양심을 위해 제한하였다. 그는 자유를 누리는 것이 아니라 복음을 위해 자발적으로 스스로를 종으로 내어 주는 삶을 살았다. 이것이 바로 책임 있는 자유의 모습이다. 자유는 곧 선택할 수 있다는 뜻이고, 선택에는 결과가 따른다. 결과에는 책임이 따르며, 책임은 단지 법적·경제적 차원을 넘어서, 도덕적·신앙적 차원에서

나 자신과 타자, 공동체 앞에서 내가 어떤 존재로 살아가는가를 묻는다. 이 책임을 인식하지 않는 한, 인간은 자유를 누릴 자격이 없다.

AI 시대는 이 책임 개념을 더욱 절실하게 만든다. 기계가 결정을 내리는 시대에, 인간은 단지 '정확한 계산'을 넘어 '책임 있는 선택'을 해야 한다. AI는 판단할 수 있지만 책임질 수는 없다. 결국 도덕적 책임은 인간만이 질 수 있는 고유한 영역이며, 그 책임의 중심에는 '자유롭게 선택했기 때문에 반드시 책임져야 한다'는 원리가 자리 잡고 있다. 기술이 아무리 발달해도, 그 기술을 설계하고 활용하는 인간이 자기 행동에 대한 책임을 외면한다면, 그것은 결국 인간성의 붕괴로 이어진다.

자유와 책임의 관계는 가정과 학교, 직장과 국가 등 모든 공동체 안에서 매우 중요하다. 부모는 자녀에게 자유를 주기 전에 책임을 가르쳐야 하며, 교사는 학생들에게 자율 학습보다 더 먼저 선택의 결과를 감당하는 인격적 태도를 교육해야 한다. 정치인은 국민의 권리를 보호하면서도 그 권리가 타인의 권리와 공동체의 질서를 침해하지 않도록 책임 있게 조정해야 하며, 기업은 경영의 자유를 누리면서도 사회적·윤리적 책임을 외면하지 않아야 한다.

문제는 현대 문화가 책임을 '억압'으로 인식하게 만들고 있다는 점이다. 청소년들은 책임을 '자유의 대가'가 아니라 '성인의 짐'으로 여기고, 성인조차도 책임을 회피하고 권리는 주장하면서 의무는 유보하려는 경향을 보인다. 그 결과로 나타나는 것이 '미루는 삶', '남 탓하는 문화', '공동체 의식의 부재'다. 책임은 부담이 아니라, 자유를 진짜 자유답게 만드는 존엄의 토대임을 우리는 다시 회복해야 한다. 책임 있는 자유는 곧 자율성과 도덕성의 결합이다. 나는 하고 싶은 것을 할 수 있지만, 그것이 타인과 공동체, 나아가 하나님 앞에서 옳은가를 묻고 선택할 수 있어야 한다. 이것은 단순한 윤리 교육이 아니라, 인간 존재에 대한 성경적 이해, 하나님 앞에서의 삶의 자세를 요구하는 문제다.

성경은 말한다. "이러므로 우리 각 사람이 자기 일을 하나님께 직고하리라"(로마서 14:12). 이 말은 단지 죽음 이후의 심판에 대한 두려움이 아니라, 매일의 삶에서 내가 어떻게 살 것인가에 대한 절박한 자각을 촉구하는 말씀이다. 그리스도인은 자유의 사람이지만, 동시에 책임의 사람이다. 그는 하나님의 형상대로 지음 받았기에 책임을 질 수 있는 존재이고, 그리스도의 피로 구속받았기에 자기 삶을 하나님 앞에 내어놓을 책임을 가진 존재다. 자유롭게 사랑하고, 자유롭게 선택하며, 자유롭게 결단하는 것이 그리스도인의 특권이라면, 그 모든 자유는 궁극적으로 하나님의 뜻에 순종하고, 이웃을 섬기는 책임의 삶으로 이어져야 한다.

이제 우리는 물어야 한다. 나는 자유롭게 살고 있는가, 아니면 무책임한 선택의 연속 속에 방황하고 있는가? 나는 내 말과 행동, 결정과 관계에 대해 책임을 질 각오가 되어 있는가? 내 자유는 나를 위해 존재하는가, 아니면 하나님을 영화롭게 하고 이웃을 세우는 통로인가? 진정한 자유는 책임을 두려워하지 않을 때 완성된다. 책임은 나를 얽매는 짐이 아니라, 나를 존귀하게 만드는 인격의 근거이며, 책임을 다하는 자유만이 공동체를 살리고 문명을 지속 가능하게 만든다.

다음 장에서는 공동체 안에서 이 책임 있는 태도가 '관용', 곧 다름을 수용하고 불편을 견디며 평화를 이루려는 자세로 어떻게 이어져야 하는지를 살펴볼 것이다.

제4장

관용 - 다름을 수용하는 태도와 한계

현대 사회에서 가장 많이 회자되는 가치 중 하나는 '관용'이다. 타인의 의견과 존재, 정체성과 사고방식을 받아들이는 열린 태도는 민주주의의 기초이며, 다문화 시대와 글로벌 사회의 공존을 위한 필수 조건으로 강조된다. 특히 소수자 인권, 성적 다양성, 종교적 자유, 정치적 차이 등 다양한 갈등의 영역에서 '관용'은 거의 절대 가치처럼 다뤄지고 있다. 그러나 관용이 강조될수록 아이러니한 현상이 벌어진다. 다름을 존중하자는 메시지가 때때로 진리를 말하는 사람을 배제하는 논리로 작용하고, 관용의 이름으로 모든 것을 수용하다 보면, 결국 무엇도 절대적으로 옳거나 그르다고 말할 수 없는 사회로 전락하게 된다. 이것은 진리에 대한 침묵이며, 도덕과 윤리의 기준이 해체되는 시작점이다. 우리는 여기서 다시 묻지 않을 수 없다. 관용은 무엇을 위한 것인가? 그리고 그 관용에는 경계와 기준이 없는가?

관용은 원래 독재와 배타의 반대 개념으로 등장했다. 역사적으로 보면 종교 개혁 이후 유럽 사회에서 교권의 탄압과 이단 심판에 대한 반작용으로 '신앙의 자유'와 '다른 신념에 대한 인정'이라는 의미에서 시작된 개념이다. 이후 계몽주의 시대를 거치며 개인의 자율성과 다양성이 강조되었고, 관용은 진보적 가치로 자리 잡으며 자유주의와 민주주의의 핵심 원리로 발전했다. 관용은 더 이상 억압받지 않아야 할 자유의 근거이자, 공존과 상생의 방법론으로 확장되었다. 문제는 관용이 그 본래의 의미를 넘어서, 모든 판단을 중지시키는 기준 해체의 도구로 작동하고 있다는 점이다. "그것은 그의 생각이니 존중해야 한다", "그의 정체성은 부정할 수 없다", "나와 다르지만 옳고 그름을 판단하지 말자"라는 태도가 지극히 개인적 영역을 넘어 공적 영역, 교육, 언론, 종교, 법률에까지 영향을 끼치고 있다. 이러한 흐름은 '절대적 관용'이라는 자기모순을 낳는다. 관용의 이름으로 진리와 윤리를 말하는 사람은 배제되고, 절대적인 가치를 외치는 사람은 오히려 '배타적'이라는 오명을 쓰게 되는 것이다.

이것이 오늘날 교회와 그리스도인들이 겪고 있는 현실이다. 성경은 분명히 선과 악, 의와 불의, 거룩과 죄, 생명과 죽음, 진리와 거짓을 구분한다. 그러나 이러한 구분이 현대 사회에서는 '판단', '차별', '배타', '혐오'로 오해되며, 관용의 질서 속에서는 금기시된다. 진리를 선포하는 것이 더 이상 윤리적 용기로 간주되지 않고, 불편한 주장, 혹은 시대착오적 태도로 밀려나는 현실은 관용이라는 가치가 스스로 진리를 억압하는 도구로 전락하고 있음을 보여 준다.

그렇다면 성경적 가치관은 관용을 어떻게 이해하는가? 기독교는 본질적으로 관용의 종교다. 예수 그리스도는 죄인과 병자, 창기와 세리, 사마리아인과 로마 백부장에 이르기까지 당시 유대 사회가 소외시킨 모든 이들에게 관용과 자비의 마음을 보여 주셨다. 그리스도의 사랑은 배제의 경계를 허물었고, 사도 바울 역시 이방인 선교를 통해 복음이 유대인의 울타리를 넘어서는 관용의 실천을 이어 갔다. 그러나 기독교적 관용은 진리를 포기하지 않는 사랑이다. 진리를 기준으로 삼되, 그 기준을 강압이 아닌 사랑으로 전하는 태도다. 기독교는 죄인을 받아들이지만, 죄를 정당화하지 않는다. 이웃을 용납하지만, 그 이웃이 진리를 떠나 방황하도록 내버려두지 않는다. 성경적 관용은 진리를 말하되, 강요하지 않고, 정죄하지 않고, 인내하며 기다리는 용기를 말한다.

관용은 진리를 부정하는 것이 아니라, 진리를 말하는 방식에 대한 태도이다. 관용은 다름을 수용하지만, 다름을 선으로 간주하지는 않는다. 관용은 내게 다가온 이웃을 이해하려는 노력이지, 그 이웃이 가진 모든 생각과 선택을 정당화하는 선언은 아니다. 그러므로 관용은 한계가 있으며, 그 한계는 진리의 경계에서 분명히 설정되어야 한다. 진리가 없는 관용은 자기모순이며, 사랑 없는 진리 역시 오만일 수 있다.

AI 시대의 관용은 또 다른 차원을 갖는다. 우리는 인공지능이 감정과 인격을 가진 것처럼 대화하고, 인간처럼 판단하거나 차별하지 않기를 기대한다. 그러나 인공지능이 진짜 관용을 가질 수 있을까? 기계는 다름을 이해하거나 인내하지 않는다. 그저 프로그래밍된 기준을 따라 반응하고, 데이터에 기반해 합리적 선택을 할 뿐이다. 결국 진정한 관용은 오직 인간만이 할 수 있는 도덕적 능력이며, 그 중심에는 하나님이 인간에게 부여하신 자유와 책임, 공감과 절제가 있다.

그리스도인은 관용의 사람이어야 한다. 그러나 그 관용은 진리를 포기한 침묵이 아니라, 진리를 품은 기다림이 되어야 한다. 우리는 세상이 다른 길을 가도, 하나님의 기준을 따라 말하고 행동하며, 그 과정에서 다른 이의 말을 경청하고, 다름을 인격적으로 대하며, 때로는 불이익과 오해를 감수하면서도 진리를 향한 부드러운 초대를 지속해야 한다. 현대의 '관용'

은 너무나 쉽게 감정과 동정, 정치적 올바름으로 흐르지만, 성경적 관용은 용서와 책임, 인내와 정직의 긴장 속에서 유지되는 고결한 태도다. 그리고. 그 태도는 절대적 기준을 가지고 있음에도, 자신이 그 기준에 온전히 이르지 못했음을 아는 겸손에서 시작된다. 하나님께서 우리를 오래 참아 기다리시며 용납하셨듯, 우리는 타인을 판단하기 전에 그리스도의 관용을 먼저 배워야 한다.

이제 우리는 물어야 한다. 나는 누구의 말을 관용이라는 이름으로 용납하고 있는가? 내가 거부하는 사람은 정말로 진리를 거스르는 이들인가, 아니면 내 기준에 불편한 존재인가? 나는 진리를 품고 관용하고 있는가, 아니면 관용을 핑계로 진리를 외면하고 있는가? 관용은 진리의 적이 아니다. 오히려 진리가 더욱 힘을 발휘하려면 관용의 태도가 함께 있어야 한다. 진리를 아는 자가 진리를 말할 때, 그 말이 상대방의 마음을 닫게 할 수도 있고, 반대로 그 말이 온유와 절제, 공감과 인내로 전달될 때 그 진리는 상대의 심령 깊은 곳에 씨앗처럼 심길 수도 있다.

다음 장에서는 이러한 가치들이 삶의 내부에서 어떻게 정돈되어야 하는지를, 즉 '절제'라는 주제를 통해 다룰 것이다. 절제는 단지 욕망의 억제가 아니라, 진리를 향한 내면의 질서와 경건의 표현이며, 삶의 아름다움과 공동체의 조화를 이루는 중요한 가치이다. 관용이 외부 세계와의 관계에서 빛나는 미덕이라면, 절제는 자기 내부에서 타인을 사랑하고 진리를 지키는 보이지 않는 힘이다.

제5장.

절제 - 욕망을 다스리는 자기 통제의 능력

절제는 고전적인 미덕이다. 그러나 오늘날 그 가치는 낡은 규범이나 도 덕주의의 상징으로 여겨지며 종종 시대에 뒤떨어진 개념처럼 치부된다. 절제는 무엇인가를 억제하거나 포기하는 것으로 오해되며, 자유롭고 창 조적이며 자율적인 현대인의 삶과는 어울리지 않는 것으로 간주되기도 한다. 그러나 과연 그런가? 욕망이 끝없이 확장되고, 모든 것이 즉시 충족 가능한 시대에, 우리는 정말 절제 없이도 온전한 삶을 누릴 수 있는가? 절 제가 없는 자유는 자기 파괴의 길로 이어지고, 절제가 없는 풍요는 결국 허무와 중독, 피로와 혼란을 낳는다. 절제는 인간을 제한하는 규범이 아 니라, 인간을 인간답게 지키는 내적 방어선이며 품위의 핵심이다. 절제는 단지 욕망을 억제하는 것이 아니라, 욕망의 방향을 재조정하고, 삶의 중심 을 자기 통제력 위에 세우는 능력이다.

오늘날 우리는 절제를 가장 잃어버린 시대에 살고 있다. 먹고 싶으면 언 제든지 먹을 수 있고, 보고 싶으면 언제든지 볼 수 있으며, 사고 싶으면 단 몇 번의 클릭으로 상품이 집 앞에 도착하는 세상이다. 수천 개의 콘텐츠 와 수억 명의 사람들의 욕망이 서로 충돌하고 교차하는 디지털 문명 안에 서 인간은 점점 더 스스로를 통제하지 못하는 존재가 되어 가고 있다. 스마트폰을 손에서 놓지 못하고, 자극적인 영상과 짧은 뉴스, 순간적인 만족에 중독된 사람들은 점점 깊이 생각하지 못하고, 멀리 바라보지 못하며, 자신이 무엇을 원하는지도 모른 채 충동에 휘둘리는 삶을 살게 된다. 절제는 사라졌고, 자기 통제의 힘은 약화되었으며, 사람들은 점점 더 감정과 욕망에 끌려다니는 존재가 되었다.

그런데 놀라운 사실은, 인간은 본래 욕망을 가진 존재로 창조되었다는 점이다. 욕망 자체는 악이 아니다. 배고픔, 휴식, 성, 성취, 인정받고자 하는 마음, 지적 탐구와 정서적 친밀감에 대한 갈망 등은 모두 하나님께서 인간에게 주신 선한 기능이다. 문제는 이 욕망이 왜곡되었을 때 발생한다. 하나님이 아닌 다른 것을 통해 그 갈망을 충족시키려 할 때, 인간은 죄에 빠지게 된다. 절제는 바로 이때 필요하다. 절제는 욕망을 억누르는 것이 아니라, 하나님께서 정하신 선한 질서 안에서 욕망을 다스리는 능력이다. 절제는 자기 자신을 하나님 앞에 바르게 세우기 위한 훈련이며, 자유를 위한 고결한 훈련이다. 절제는 억압이 아니라 해방이며, 통제되지 않은 욕망의 노예 상태로부터 벗어나는 능력이다.

성경은 절제를 신자의 삶의 열매로 매우 강조한다. 갈라디아서에서 사도 바울은 성령의 열매로 사랑과 희락, 화평, 인내, 자비, 양선, 충성, 온유와 더불어 '절제'를 명시한다. 절제는 성령의 역사로 가능하며, 훈련과 순종의 삶 가운데 자라난다. 바울은 고린도전서에서 "이기기를 다투는 자마다 모든 일에 절제하나니 저희는 썩을 면류관을 얻고자 하되 우리는 썩지 아니할 면류관을 얻고자 한다"고 말하며, 자신의 몸을 쳐 복종케 한다고 고백한다. 이 절제는 육체를 학대하는 극단적 금욕이 아니라, 하나님을 향한 분명한 목표와 영적 집중을 위해 내 안의 자유를 바르게 사용할 줄 아는 훈련이다.

절제는 결국 자기를 다스리는 능력이며, 성숙한 인격의 핵심이다. 자기를 다스릴 줄 모르는 사람은 결국 타인을 지배하려 들거나 상황에 끌려다니게 된다. 자기를 통제할 수 있는 사람만이 진정한 자유인이고, 자기를 절제할 수 있는 사람만이 타인과 건강한 관계를 유지할 수 있으며, 사회적 책임도 감당할 수 있다. 정치 지도자, 교육자, 부모, 목회자, 기업인 등 어느 위치에 있든 절제 없는 권력은 반드시 부패하게 되어 있고, 절제 없는 말과 행동은 공동체를 파괴하며, 절제 없는 소비는 생태계와 자원 고갈을 초래한다. 절제는 나 하나만의 미덕이 아니라, 세상을 지탱하는 사회적 가치이기도 하다.

AI 시대의 절제는 더욱 절박한 과제가 되고 있다. 디지털 알고리즘은 인간의 주의력과 욕망을 끊임없이 자극하고, 데이터는 인간의 행동 패턴을 분석해 더욱 정교한 유혹을 제공한다. 소비의 확장, 콘텐츠의 폭주, 관심 경쟁, 자기 과시, 타인의 삶을 끊임없이 비교하게 만드는 구조 속에서 인간은 점점 더 불안과 결핍, 중독에 노출된다. 이때 절제는 기술을 거부하는 것이 아니라, 기술을 도구로 삼을 줄 아는 주체적 태도다. 절제는 내 감정과 정보 소비, 관계 형성, 시간 관리, 재정 사용에 이르기까지 삶의 모든 영역에서 주권을 하나님께 드리는 삶의 표현이다. 절제는 자율적 결정이지만, 그 근원은 하나님께 순종하는 경외의 태도에서 나온다.

절제는 또한 경건의 실천이다. 고요함을 선택할 수 있는 힘, 침묵할 줄 아는 용기, 충분함을 알고 만족할 줄 아는 지혜, 누리지 않아도 존재의 가치를 깨닫는 능력은 모두 절제의 열매다. 절제는 단순히 하지 않는 것이 아니라, 더 중요한 것을 위해 미루고 절도 있게 살아가는 결단이다. 절제

                                          행복 인문학

는 자기를 사랑하는 방법이며, 타인을 존중하는 태도이고, 하나님을 경외하는 마음에서 비롯된다. 욕망은 인간을 움직이는 힘이지만, 절제가 없는 욕망은 결국 인간을 삼킨다. 반대로 절제는 인간을 인격으로 세우고, 공동체를 질서 있게 유지하며, 문명을 지속 가능하게 만든다.

이제 우리는 물어야 한다. 나는 욕망의 주인인가, 노예인가? 내 감정과 판단, 행동과 습관은 스스로 통제할 수 있는가? 나는 절제를 두려워하고 회피하는가, 아니면 절제를 통해 더 자유로운 삶을 선택하는가? 절제는 단지 수양의 문제가 아니라, 진리를 중심에 두고 사는 삶의 태도이며, 성령의 열매다. 절제는 자기를 부인할 수 있을 때만 가능하며, 자기를 부인하는 사람만이 하나님을 주인으로 인정할 수 있다. 절제는 복잡하고 바쁜 세상에서 단순하고 깊이 있는 삶으로 돌아가려는 결단이고, 진정한 자유를 위해 좁은 길을 선택하는 용기다.

다음 장에서는 이러한 절제의 태도가 어떻게 구체적으로 용서와 회복, 관계와 신뢰로 이어지는지를 다룰 것이다. 절제는 자기 자신과의 화해라면, 용서는 타인과의 화해이며, 절제는 자기 통제라면, 용서는 마음의 해방이다. 욕망을 절제할 수 있을 때, 우리는 타인의 죄를 덮을 수 있는 여유를 가질 수 있고, 타인을 판단하지 않고 사랑할 수 있는 눈을 가질 수 있다. 절제는 사랑의 전제이며, 용서는 그 사랑의 표현이다.

제6장

용서 - 상처를 품고 행복을 선택하는 능력

살아가며 누구나 상처를 입는다. 가까운 가족, 친구, 동료, 혹은 뜻밖의 낯선 이에게 받은 말 한마디나 행동 하나가 깊은 상처가 되어 오래도록 마음을 누르고 삶의 방향까지 바꾸기도 한다. 때로 그 상처는 단순한 감정의 불편을 넘어, 존재의 흔들림으로 이어지며, 고통과 분노, 복수심과 무기력으로 우리를 가둔다. 이때 우리는 질문하게 된다. '나는 이 고통에서 벗어날 수 있을까?', '나는 이 상처를 넘을 수 있을까?' 그리고 이 질문에 대한 성숙한 대답은 한 단어로 수렴된다. 바로 '용서'다.

그러나 용서는 결코 쉬운 일이 아니다. 오히려 인간이 가장 하기 어려운 결단 중 하나가 용서다. 사람들은 흔히 말한다. "잊을 수는 없지만, 용서할 수는 있다." 하지만 실제로는 용서하지 못했기 때문에 계속해서 기억하고 고통 속에 머무르는 경우가 더 많다. 왜 용서가 이렇게 어려운가? 그것은 상처가 단순히 외적인 피해가 아니라, 내 존재 깊숙이 새겨진 존엄의 침해이기 때문이다. 나를 무시당한 느낌, 내 인격이 무너진 기억, 부당하게 대우받았다는 분노는, 단순히 상황을 넘어서 삶 전체를 향한 불신으로 번진다. 그래서 우리는 용서를 미룬다. 때로는 용서를 포기하고, 상처 속에 자신을 묻어 둔다.

그러나 놀라운 진실은, 용서는 상처를 지우는 일이 아니라, 상처를 안고도 자유를 선택하는 결단이다. 그것은 과거를 덮는 것이 아니라, 과거에 끌려가지 않겠다고 선언하는 내면의 힘이다. 용서는 나를 해한 사람을 위한 행동이 아니라, 고통에서 내 영혼을 해방시키기 위한 선택이다. 그러므로 용서는 감정의 흐름이 아니라 의지의 선택이며, 약함이 아니라 깊은 성숙과 강함의 증거다.

오늘날 우리는 '자기 치유'와 '감정 해방'이라는 이름으로 다양한 심리적 방법들을 배우고 실천한다. 물론 그것은 필요한 과정이다. 그러나 진정한 치유는 단지 상처를 들여다보고 이해하는 데서 끝나지 않는다. 상처를 넘어서는 힘, 즉 용서라는 결단이 없이는 상처는 오히려 더 굳어지고, 사람은 그 고통 속에 자신을 동정하며 멈추게 된다. 반면 용서를 선택한 사람은 상처를 지나 자신의 삶을 다시 주도적으로 살아갈 수 있다. 그렇기 때문에 용서는 '행복을 선택하는 능력'이며, 내가 주체적으로 다시 삶을 세워 나가는 출발점이다.

성경은 용서를 반복적으로 가르친다. "원수를 사랑하라", "일흔 번씩 일곱 번이라도 용서하라", "서로 용납하며 피차 용서하라"고 말한다. 이 말씀은 인간의 본성과 정면으로 충돌한다. 누구도 쉽게 원수를 사랑할 수 없고, 상처를 준 이를 용서하는 일이 일상처럼 자연스럽지도 않다. 그러나 성경이 우리에게 용서를 명령하는 이유는, 용서가 하나님의 본성이며, 우리 역시 하나님의 형상으로 지어진 존재이기 때문이다. 하나님은 우리를 먼저 용서하셨다. 십자가 위에서 예수 그리스도는 우리가 아직 죄인되었을 때 우리를 용서하시고 받아주셨다. 그러므로 그 용서를 받은 우리는 더 이상 남을 판단하고 복수할 권리를 주장하기보다, 그 용서의 은혜

안에서 살아가야 할 책임을 부여받은 존재다.

성경적 용서는 죄를 부정하거나 상대의 잘못을 정당화하는 것이 아니다. 오히려 죄를 직면하고, 그로 인해 발생한 고통과 상처의 현실을 인정한 후, 그 위에서 다시 일어나는 힘이다. 용서는 가해자의 잘못을 없었던 일로 만드는 것이 아니라, 그 잘못에도 불구하고 더 이상 그 사람의 행동이 내 삶을 지배하지 못하도록 결단하는 것이다. 그것은 하나님 앞에서 자신의 삶을 다시 정의하는 과정이며, 그리스도 안에서만 가능한 영적 선택이다. 용서는 그 자체로 구속의 행위이며, 십자가의 정신을 삶 속에서 실현하는 실천이다.

용서의 힘은 공동체 회복의 핵심이다. 가족 안에서의 깊은 갈등, 교회 공동체의 불신과 분열, 사회 안의 갈라진 신뢰는 결국 용서가 부재한 상태에서 더욱 고착화된다. 서로를 이해하려 하기보다 비난하고 기억하며 원한을 품고 살아갈 때, 공동체는 지속 불가능한 관계로 전락한다. 반면 누군가 먼저 용서를 선택할 때, 분위기는 달라진다. 용서는 연약한 사람이 하는 것이 아니라, 먼저 강한 사람이 시작하는 것이다. 그리고 용서가 누군가를 살리고 공동체를 회복시키는 능력이 될 때, 우리는 그것이 단지 개인의 덕목이 아니라 사회 전체를 변화시키는 영적 통찰임을 깨닫게 된다.

AI 시대의 인간관계는 더욱 단절되고 파편화되고 있다. 사람들은 오프라인에서보다 온라인에서 더 많은 관계를 맺고, 더 쉽게 끊어 버리고, 더 빠르게 분노하고 사라진다. 상대를 얼굴이 아닌 텍스트로 만나는 사회에서, 진정한 사과와 진심 어린 용서가 오갈 수 있는 공간은 점점 줄어든다. 그런데 바로 그렇기 때문에, 용서의 능력을 다시 배우는 일이 더 중요하다. 인간만이 할 수 있는 것, 즉 '상처를 받아도 그 상처를 치유하며 관계를 다시 세우는 능력'은 기술로 대체할 수 없는 인간성의 본질이다. 용서는 인간에게 부여된 가장 고귀한 도덕적 능력이며, 진리 위에 세운 용서는 그 어떤 시대에도 사람을 자유롭게 하고 공동체를 하나로 묶는 힘이 된다.

그리스도인은 용서의 사람이어야 한다. 왜냐하면 우리가 받은 은혜가 너무 크기 때문이다. 하나님의 용서는 우리의 잘못이 가벼워서가 아니라, 하나님의 사랑이 크기 때문에 주어진 것이며, 그 사랑이 내 안에 있을 때, 우리는 비로소 누군가를 용서할 수 있다. 용서는 감정이 차오를 때까지 기다리는 것이 아니라, 하나님의 뜻에 순종하기 위한 믿음의 결단이다. 하나님은 우리가 먼저 나아가 화해하기를 원하신다. 예배보다 앞서는 것이 화해이고, 제사보다 귀한 것이 용서다.

이제 우리는 물어야 한다. 나는 누구를 용서하지 못하고 있는가? 나는 아직도 내 안의 상처를 안고 누군가를 원망하며 살아가고 있는가? 나는 그 사람보다 내 마음의 평화를 더 소중히 여기고 있는가? 하나님은 나를 용서하셨는데, 나는 왜 내 이웃을 품지 못하고 있는가? 이 질문은 단지 도덕적 회개가 아니라, 삶의 방향을 결정하는 핵심 질문이며, 진정한 행복을 누릴 수 있느냐의 여부를 가르는 기준이다.

용서할 수 있는 사람만이 진정으로 행복할 수 있다. 왜냐하면 용서는 자유를 가능하게 만들기 때문이다. 용서하지 못하면 행복해질 수 없다. 상처는 인간의 삶에 늘 존재하지만, 그 상처가 나를 이끌게 할 것인가, 아니면 내가 그 상처를 이끌고 갈 것인가는 전적으로 나의 선택이다. 하나님은 용서를 통해 우리에게 자유를 주셨고, 그 자유는 진리를 아는 자만이 누릴 수 있는 참된 해방이다. 그러므로 용서는 약자가 아닌, 진리를 선택한 자의 길이며, 행복으로 나아가는 가장 실제적이고도 영적인 능력이다.

다음 장에서는 이와 같은 용서의 태도가 어떻게 개인의 행복과 공동체의 화평으로 이어지는지를 다룬다. 용서해야만 공동체의 화평을 이룰 수 있고 용서해야만 사랑을 키우며 행복한 인생을 가꿀 수 있다.

제7장

화평 - 평화를 이루는 자가 누리는 행복

오늘날 우리는 누구나 평화를 원한다고 말하지만, 정작 현실은 갈등과 대립, 경쟁과 분열로 가득 차 있다. 사회는 끊임없이 평화를 말하면서도, 오히려 갈등을 부추기는 구조 속에서 움직이고 있다. 인간은 본성적으로 자기중심적이며, 타인을 이해하거나 기다리기보다는 자신의 감정과 이익을 우선시하는 경향이 강하다. 그래서 오해는 이해보다 빠르고, 정죄는 용서보다 쉽고, 협력보다는 경쟁이 자연스러운 선택처럼 여겨진다. 특히 AI 시대를 살아가는 우리는 SNS를 통해 생각이 다르거나 불편한 의견에 곧바로 반응하고, 타인에 대한 혐오와 비난을 쉽게 퍼뜨리는 문화 속에 놓여 있다. 디지털 기술은 감정을 외부화하고 분열을 확산시키는 도구가 되기 쉽다. 이렇게 분열과 갈등이 일상이 된 세상 속에서 예수님은 분명히 말씀하셨다. "화평케 하는 자는 복이 있나니 저희가 하나님의 아들이라 일컬음을 받을 것임이요"(마태복음 5:9). 이 말씀은 평화를 그저 수동적으로 지키는 자가 아니라, 능동적으로 만들어 가는 자가 누리는 복을 말한다. 그리고 이 복은 바로 하나님의 자녀라는 정체성과 연결된다. 즉, 화평을 이루는 자는 세상 속에서 하나님의 존재 방식을 구현하며, 진정한 행복을 선택한 사람이다.

성경이 말하는 화평은 단순히 분쟁이 없는 상태, 갈등이 잠시 가라앉은 정적의 분위기가 아니다. 헬라어로 '에이레네(εἰρήνη)', 히브리어로 '샬롬(שָׁלוֹם)'이라는 단어는 단순히 갈등이 없는 상태를 넘어서, 온전함과 회복, 그리고 하나님과 이웃과의 조화로운 관계를 포함하는 매우 풍성하고 적극적인 의미를 지닌다. 진정한 화평은 갈등을 피하거나 덮는 것이 아니라, 오해와 상처의 중심으로 들어가 그것을 풀고 치유하며, 깨어진 관계를 다시 잇는 능동적인 실천이다. 화평은 늘 평탄한 길이 아니다. 때로는 어느 쪽에서도 환영받지 못하고, 자신을 낮추고 희생하는 자리로 들어가는 것을 뜻한다. 그렇기에 성경은 화평케 하는 자를 하나님의 자녀라 부른다. 하나님의 아들이신 예수 그리스도께서 십자가를 통해 하나님과 인간 사이의 화평을 이루셨듯, 하나님의 자녀 된 우리는 이 땅에서 상처 난 관계와 갈등의 틈을 메우는 사람으로 살아가야 한다. 화평은 복음의 열매이며, 하나님의 구속 역사가 인간관계 속에서 실현되는 방식이다.

화평은 결국 사랑의 실천이다. 사랑은 그저 따뜻한 감정이나 선언이 아니다. 사랑은 서로를 받아들이고 용납하며, 함께 살아갈 수 있는 길을 찾기 위한 치열한 행동이다. 요한일서는 "하나님은 사랑이시라"고 선언하면서, 하나님을 사랑하는 자는 형제를 미워하지 않는다고 말한다. 사랑과 미움은 함께할 수 없다. 용서하지 않으면서 사랑한다고 말할 수 없고, 화해 없이 신앙을 말할 수 없다. 그러므로 사랑은 반드시 화평을 지향한다. 로마서는 "할 수 있거든 모든 사람과 더불어 화목하라"고 명령하며, 에베소서는 "화평의 매는 줄로 성령이 하나 되게 하신 것을 힘써 지키라"고 권면한다. 그리스도인의 신앙과 삶은 '옳고 그름'이 아니라 '화목과 회복'을 기준으로 판단되어야 한다. 누가 더 정당한가를 따지기보다는, 어떻게 하

                                          행복 인문학

면 하나님의 사랑을 실현할 수 있을지를 먼저 고민해야 한다. 그것이 하나님의 뜻을 따르는 삶이며, 참된 복을 누리는 길이다.

오늘날 사회의 거의 모든 영역은 구조적인 갈등 위에 놓여 있다. 정치권은 이념과 세력 간의 대립으로 마비되고, 경제는 계층 간의 양극화로 불신과 증오를 키운다. 가정 안에서는 세대 간의 단절과 소통 부재가 늘어나고 있고, 학교와 직장, 교회 안에서도 오해와 편견, 경쟁과 분열이 깊어지고 있다. 특히 온라인 공간은 의견 차이를 넘어서 상대방의 존재 자체를 부정하고 모욕하는 공간이 되어 가고 있다. 이런 시대 속에서 화평케 하는 자는 단순히 '착한 사람'이 아니다. 그는 분열의 흐름을 거스르고, 타인의 감정을 절제하며, 자신의 입장을 내려놓고 상대의 회복을 먼저 생각하는 사람이다. 그는 폭로보다 감싸 주기를 택하고, 분노보다 기도를, 냉소보다 믿음을 선택하는 사람이다. 그는 갈등을 확산시키기보다 평화를 확산시키는 자이며, 어둠의 말을 퍼뜨리기보다 빛의 길을 여는 사람이다. 화평을 이루는 자는 하나님의 마음을 세상 가운데 구현하는 도구이며, 갈라진 틈을 메우는 사람이고, 공동체를 살리는 복음의 전령이다.

AI 시대의 화평은 단순한 사회적 미덕을 넘어, 더욱 절실한 가치가 되어야 한다. 인공지능과 빅데이터는 이미 인간의 감정과 판단을 추적하고 예측할 수 있을 만큼 정교해졌고, 그 알고리즘은 인간의 편견과 갈등을 오히려 확대 재생산할 위험을 가지고 있다. 감정은 클릭과 공유를 통해 순식간에 확산되고, 분노와 혐오의 언어는 진실보다 더 빠르게 퍼져 나간다. 속도와 양이 지배하는 이 시대에 인간에게 주어진 유일한 힘은 '선택'이다. 어떤 말을 전할지, 사람을 어떻게 대할지, 갈등 앞에서 어떤 태도를 보일지 우리는 끊임없이 결정해야 한다. 그리고 그 모든 선택의 갈림길에서 우리가 취할 수 있는 가장 강력하고도 고결한 태도는 바로 화평을 이루는 선택이다. 하나님의 진리는 분명히 선과 악, 옳고 그름을 구별하지만, 그 진리는 항상 사랑과 회복, 화목을 지향한다. 진리는 정죄의 칼이 아니라, 고통 속에서도 생명의 길을 여시는 하나님의 음성이다. 정의와 공의도 하나님의 사랑 안에서 화해와 평화로 연결될 때 그 진정한 능력을 발휘한다. 그러므로 진리를 따른다는 것은 곧 화평의 삶을 선택하는 것이며, 세상의 분열에 맞서 하나님의 나라를 이 땅 가운데 실현하는 일이 된다.

예수님께서 "화평케 하는 자는 복이 있다"고 하신 이유는, 그것이 단지 마음의 평안 때문이 아니라, 그 삶이 하나님의 자녀라는 정체성을 가장 분명하게 드러내는 길이기 때문이다. 화평은 하나님의 자녀가 이 땅을 살아가는 방식이며, 진정으로 행복한 삶의 방향이다. 화평을 이루는 자는 자신을 희생하되 억울해하지 않고, 고통을 감수하되 두려워하지 않으며, 불편한 길을 택하되 기꺼이 걸어간다. 그리고 그런 사람은 혼란한 시대 속에서도 흔들리지 않고, 하나님이 기뻐하시는 복된 삶을 살아간다. 그는 이 땅의 분열을 메우고, 깨어진 관계를 다시 잇는 자이며, 하나님의 뜻이 이 땅 가운데 이루어지게 하는 통로가 된다.

이제 우리는 묻지 않을 수 없다. 나는 갈등 속에서 무엇을 선택하고 있는가? 나는 나의 정당성을 앞세우고 있는가, 아니면 하나님의 화평을 실현하기 위해 내 자리를 내려놓을 수 있는가? 나는 진리를 말하고 있는가, 아니면 진리를 사랑하고 있는가? 화평을 선택하는 자는 용기를 가진 자이며, 화평을 실천하는 자는 세상을 치유하는 자다. 그리고 그가 누리는 복은 단지 외적인 갈등의 부재가 아니라, 하나님 안에서 경험하는 깊은 내면의 안정과, 이웃과 함께 이루어가는 공동체의 회복, 그리고 진리 위에 세워진 삶의 행복이다. 이것이 바로 예수님께서 말씀하신 "화평케 하는 자는 복이 있나니"의 의미이며, 그 복은 지금 이 순간 우리 모두에게 열려 있다.

다음 장에서는 사랑의 소중한 가치를 다루고자 한다. 사랑은 모든 가치 중에서 가장 소중하다고 성경은 가르친다. "그런즉 믿음, 소망, 사랑, 이 세 가지는 항상 있을 것인데 그 중의 제일은 사랑이라"(고린도전서 13:13). 그러나 사랑은 성장시켜야 하고 성숙되어야 행복한 삶으로 연결된다.

제8장.

사랑 - 진리 안에서 자라나는 생명의 힘

사랑은 인간 삶의 중심에 있는 가치이자, 모든 종교와 철학이 강조하는 미덕이다. 사랑은 위대한 감정이면서 동시에 가장 실제적인 행위이며, 인간의 내면을 변화시키고 세상을 회복시키는 힘이다. 누구나 사랑을 원하고 사랑을 말하지만, 진정한 사랑이 무엇인지는 명확히 알지 못한 채 감정과 욕망, 조건과 이익 사이를 헤매며 '사랑'이라는 단어를 소비하고 있다. 그러나 성경은 하나님이 사랑이시며, 그 사랑은 피조물의 감정이나 본능과는 본질적으로 다르며, 진리 안에서 생명을 낳고 존재를 회복시키는 하나님의 속성적 능력임을 선포한다.

오늘날 사랑은 자율성과 욕망의 이름으로 자주 왜곡된다. 사랑이란 말을 붙이고는 있지만, 그 실체는 종종 자기 욕망을 채우기 위한 도구일 뿐이다. 감정이 식으면 관계를 버리고, 만족이 없으면 떠나며, 책임 없는 자유를 추구하면서도 그것을 '사랑'이라 포장한다. 그러나 진정한 사랑은 감정의 충동이 아니라 진리 안에서 성장하는 생명력이다. 그것은 쉽게 타오르지만 금세 식어 버리는 불꽃이 아니라, 깊고 넓게 뿌리내려 가뭄과 비바람을 견디며 열매를 맺는 나무와 같다.

사랑은 성경의 핵심이다. 하나님은 사랑으로 세상을 창조하셨고, 사랑으로 인간을 지으셨으며, 인간이 죄로 인해 타락했을 때도 사랑으로 구속하셨다. 예수 그리스도의 십자가는 사랑의 절정이며, 그 희생은 단순한 정서적 동정이 아니라 진리와 정의를 만족시키는 공의의 사랑이었다. 그리스도인은 이 사랑을 통해 새롭게 태어난 사람들이다. 그리고 이 사랑은 단지 개인의 감정을 넘어, 공동체를 세우고 역사를 변화시키는 능력으로 주어졌다.

사랑은 반드시 자라야 한다. 사랑은 정체된 감정이 아니라 성숙하는 관계다. 성경은 사랑을 '처음 사랑'에서 시작하여 '형제를 위한 생명 내어줌'으로 자라나야 한다고 가르친다. 인간의 사랑은 보통 '에로스'에서 시작한다. 끌림과 열정, 그리고 나 중심의 관계다. 그러나 그 사랑이 머물러서는 안 된다. 사랑은 친구를 위한 헌신과 배려의 단계인 '필리아'로 발전하고, 결국에는 상대의 자격이나 조건을 넘어서는 무조건적이며 희생적인 '아가페'로 자라나야 한다. 이 성숙의 여정이 바로 진리 안에서 자라나는 사랑의 길이며, 성경적 사랑의 본질이다. 그리고 바로 이 사랑이 아가페로 성숙해야만 신체의 부족함을 채워 주고, 정신의 아둔함을 챙겨 주며, 생명의 고귀함을 지켜 주는 힘이 된다. 사랑이 성숙하지 못하면 모든 관계는 결국 깨어지고 헤어질 수밖에 없다. 감정만으로 유지되는 사랑은 언제든 흔들리지만, 진리 위에서 자라나는 사랑은 인간 존재 전체를 회복시키고 관계를 지속 가능하게 만드는 생명의 근원이다.

사랑이 자라려면 진리 위에 세워져야 한다. 감정이나 분위기에 따라 변하는 사랑은 오래가지 못한다. 사람의 연약함과 상황의 변화 앞에서 흔들리지 않는 사랑은 반드시 '진리의 기초'를 필요로 한다. 진리 안에서 자라난 사랑은 상대를 있는 그대로 받아들이되, 죄는 용납하지 않는다. 사랑하되 타협하지 않으며, 품되 기준을 잃지 않는다. 그것은 단지 감정이 아니라, 선택이고 헌신이며, 그리스도의 마음을 본받으려는 의지이다. 그래서 진리 안에 있는 사랑은 강하다. 그것은 끝까지 포기하지 않으며, 오래 참으며, 모든 것을 믿고 바라며 견딘다.

사랑은 관계를 통해 검증된다. 가족과 친구, 이웃, 심지어 원수와의 관계 속에서 진정한 사랑은 시험받고 자라난다. 특별히 공동체 안에서의 사랑은 성숙의 지표다. 초대교회는 서로 사랑하고, 필요한 것을 나누며, 오해와 갈등 속에서도 끝까지 함께함으로써 세상의 주목을 받았다. 세상은 여전히 교회를 향해 "너희가 서로 사랑하면 이로써 모든 사람이 너희가 내 제자인 줄 알리라"(요한복음 13:55)는 말씀을 실현하길 기대한다. 사랑은 말보다 행동이며, 약속보다 실천이다. 사랑은 시간이 걸리며, 때로는 오해받고 아프다. 그러나 사랑만이 관계를 회복시키고, 삶을 건강하게 하며, 사람을 다시 일으킬 수 있다.

AI 시대의 사랑은 어떤 모습이어야 하는가? 기계는 데이터를 분석하고 감정을 모방할 수 있지만, 진정한 사랑을 할 수는 없다. 사랑은 감정 이상의 것이며, 인격 간의 깊은 공감과 이해, 책임과 결단이 결합된 고도의 능력이기 때문이다. 사랑은 인간만이 할 수 있는 영혼의 능력이자 하나님의 형상을 따라 살아가는 삶의 방식이다. 그러므로 우리는 점점 기계적이고 효율적인 사회 속에서도, 사람을 사랑하고 관계를 존중하며 진리를 품은 인격으로 살아가는 법을 배워야 한다. 그것이 우리 시대가 가장 필요로 하는 사랑의 회복이며, 가장 아름다운 인간성의 실현이다.

결국 사랑은 생명을 살리는 힘이다. 사람을 죽이는 말보다 살리는 말이 더 어렵고, 혐오보다 용서가, 이기심보다 나눔이 더 고귀한 선택이다. 그 선택을 가능하게 하는 힘이 사랑이다. 사랑은 영혼의 해방이며, 공동체의 회복이며, 세상의 회생이다. 사랑 없는 신앙은 형식일 뿐이며, 사랑 없는 진리는 공허한 소리다. 진리 안에서 자라나는 사랑만이 세상 속에서 참된 복음을 드러낼 수 있다. 진리를 사랑하고, 사랑으로 진리를 말하는 사람, 그것이 이 시대가 기다리는 참된 그리스도인의 모습이며, 행복한 삶을 위한 가장 본질적인 선택이다.

AI 시대, 가치를 진리로 분별하라

우리는 지금, 정보와 기술의 홍수 속에서 살아가고 있다. 인공지능 기술은 일상 전반에 스며들며 우리가 생각하고, 선택하고, 행동하는 방식을 재구성하고 있다. 스마트폰 속 알고리즘은 우리의 소비 패턴과 관심사를 읽고 다음 행동을 유도하며, 자율주행차는 인간의 개입 없이 복잡한 도로 위를 판단하고 달린다. 사람들은 편리함을 이유로 중요한 결정을 기계에게 맡기고 있으며, 그 결정이 마치 스스로의 판단처럼 여겨지는 상황에 익숙해지고 있다. 그러나 우리는 이 익숙함 속에서 반드시 근본적인 질문을 던져야 한다. "이 판단은 누구의 기준에 따라 내려진 것인가? 무엇이 옳은가? 무엇이 선한가?" 이는 단순한 철학적 질문이 아니라, 이 시대를 살아가는 우리 모두의 실존적 질문이다. 왜냐하면, 기계는 스스로 도덕을 판단하지 않기 때문이다. AI는 수많은 데이터를 분석하고 빠르게 결론을 도출할 수 있지만, 그 판단은 철저히 인간이 입력한 데이터와 가치관에 의존하고 있다. 결국 AI의 판단은 인간의 판단을 대신해주는 것이 아니라, 인간의 기준을 더 정교하게 반영하는 도구일 뿐이다.

문제는 바로 그 '기준'에 있다. 우리는 AI가 내리는 결정을 믿고 따르지만, 정작 그 기준이 무엇에 뿌리를 두고 있는지에 대해서는 무감각하다.

기술은 중립적이라 말하지만, 그것을 사용하는 사람의 의도와 가치관은 결코 중립적이지 않다. 이 시대의 진짜 문제는 기술의 발달이 아니라, 그 기술을 사용하는 인간의 가치 기준이 무너지고 있다는 데 있다. 윤리와 도덕, 책임과 공공성보다 '효율'과 '속도'가 더 중요한 가치로 여겨지는 사회, 진리보다 '재미'와 '자극'이 더 많이 소비되는 문화 속에서 우리는 점점 더 판단의 기준을 상실해 가고 있다. '많은 사람들이 그렇게 하니까', '수익이 나니까', '불편하지 않으니까'라는 식의 판단은 본질적인 옳고 그름을 가리는 대신, 외형적인 이익과 대세에 따라 움직이는 가치 상대주의로 우리를 이끌고 있다. 그러한 판단이 반복되다 보면, 선과 악, 진실과 거짓, 정의와 불의의 경계가 모호해지고, 결국 인간은 자기중심적 욕망에 따라 판단하고 결정하는 '가치 해체의 시대'에 빠져들어 파국을 맞이하게 된다.

기술은 결코 선하지도, 악하지도 않다. 그러나 기술은 반드시 인간의 가치관을 반영한다. 그것이 진리 위에 세워지면 사람을 살리고 공동체를 건강하게 만들지만, 거짓과 욕망 위에 세워지면 사람을 해치고 공동체를 분열시킨다. 특히 AI 기술이 인간의 사적 정보, 감정, 의사결정까지 분석하고 통제하는 시대에는, 기술의 가치적 기초가 얼마나 중요한지를 다시 점검해야 한다. 인공지능 기술은 더욱 정교해지고 있지만, 인간의 도덕성과 판단력은 갈수록 피상화되고 있다. 가짜뉴스의 확산, 딥페이크 영상의 조작, 개인정보의 유출과 조작, 편향된 알고리즘의 차별적 결과 등은 우리가 지금 어떤 기준 없이 기술을 방치했을 때 얼마나 큰 위험을 초래할 수 있는지를 경고하고 있다.

그렇기에 그리스도인은 이 시대에 더욱 분명한 기준을 붙들고 살아야 한다. 그 기준은 다수가 말하는 것, 혹은 유행하는 것이 아니다. 오직 하나님의 말씀이며, 변하지 않는 진리다. 시편 기자는 "주의 말씀은 내 발에 등이요, 내 길에 빛이니이다"(시편 119:105)라고 고백했다. 이는 단지 종교적인 표현이 아니라, 삶의 어두운 곳에서 무엇을 선택할지 모를 때, 유일한 분별의 기준이 하나님의 말씀이라는 선언이다. 예수님은 "진리를 알지니 진리가 너희를 자유롭게 하리라"(요한복음 8:32)라고 하셨다. 진리란 억압적인 명령이 아니라, 사람을 올바르게 살게 하고, 자유롭게 만드는 생명의 능력이다. 우리는 AI 시대, 그 어떤 기술보다도 진리를 먼저 붙들어야 하며, 기술을 통해 무엇을 하느냐보다 먼저, 진리를 기준 삼아 그것을 어떻게 사용할지를 고민해야 한다.

진리 중심의 가치 판단은 결코 하루아침에 형성되지 않는다. 그것은 신앙의 훈련이며, 인격의 성숙이고, 말씀을 통한 사고 구조의 전환이다. 우리는 성경 말씀을 묵상하고, 기도 속에서 하나님의 뜻을 구하며, 공동체 안에서 끊임없이 자신의 판단을 점검받는 가운데, 바른 기준을 세워 가야 한다. 하나님은 단지 '무엇을 하지 말라'는 명령이 아니라, '무엇이 사람을 살리는가'를 말씀하시며, 그 판단의 중심에 '사랑'과 '진리'를 두셨다. 그러므로 우리는 판단할 때마다 물어야 한다. "이 선택은 사람을 살리는가?", "하나님이 이 판단을 기뻐하실까?", "이것이 진리의 빛 안에 있는가?" 이 질문을 잃지 않는 것이 바로 시대를 분별하는 지혜다.

AI 시대는 우리에게 '신속한 판단'을 요구한다. 그러나 우리는 '느리더라도 바른 판단'을 훈련해야 한다. 기독교 세계관은 이 분별의 훈련을 '말씀과 성령의 인도' 안에서 이루도록 요구한다. 이는 단순한 종교적 수양이 아니라, 인간 삶의 중심을 무엇에 둘 것인가에 대한 본질적인 물음이기도 하다. 세상이 아무리 혼탁해도 하나님의 진리는 변하지 않으며, 그 진리를 붙드는 자는 결국 시대를 이기고, 기술을 거룩하게 사용하며, 이 세대의 빛과 소금이 된다.

결국 문제는 기술이 아니다. 문제는 인간의 마음이다. AI는 앞으로도 계속 발전할 것이다. 인간보다 더 빠르게 판단하고, 더 방대하게 정보를 분석하며, 더 정밀하게 감정을 모사할 것이다. 그러나 마지막 판단은 언제나 인간이 해야 하며, 그 판단의 기준이 무엇인가에 따라 기술은 생명을 살리기도 하고 파괴하기도 한다. 이 기준은 흔들려서는 안 되며, 세상의 흐름에 따라 바뀌어서도 안 된다. 하나님의 진리만이 우리를 흔들리지 않게 하고, 인간을 인간답게 하며, 기술의 유익을 복음의 확장으로 연결시키는 거룩한 도구로 바꾸게 한다.

AI 시대, 우리가 진정으로 붙들어야 할 질문은 "무엇이 가능한가?"가 아니라, "무엇이 옳은가?"이다. 이 질문 앞에서 우리는 정보가 아니라 진리를 붙들어야 하고, 능률이 아니라 기준을 붙들어야 하며, 대세가 아니라 하나님의 뜻을 따르는 삶을 선택해야 한다. 진리 위에 선 가치관은 기술을 이기고, 시대를 이기며, 세상을 변화시킨다. 이 기준을 회복할 때, 우리는 다시금 인간으로서의 존엄을 지키고, 공동체를 살리며, 진정으로 행복한 삶을 살아갈 수 있다. AI가 판단하지 못하는 것, 바로 진리의 분별과 사랑의 실천이야말로 인간만이 할 수 있는 최고의 가치 판단이며, 이 시대가 가장 필요로 하는 힘이다.

제3부

인생관
- 나는 왜 세상을 살아가는가

서문

우리는 누구나 한 번쯤 '나는 왜 이 세상을 살아가는가'라는 질문 앞에 서게 된다. 이 질문은 단지 철학적인 사유나 종교적인 고백의 차원을 넘어서, 인간이라면 누구나 피할 수 없는 존재의 본질적 질문이다. 그러나 현대인은 너무 바쁘다. 살아 내기에도 급급한 일상의 흐름 속에서 사람들은 '왜 사는가'보다 '어떻게 버티는가', '어떻게 성공할 것인가'에 집중하며 살아간다. 삶의 방향보다 생존 전략을 먼저 고민하고, 목적보다는 수단에 몰두한다. 이처럼 본질보다 외형이, 의미보다 효율이 우선시되는 시대 속에서 사람들은 점점 더 삶의 목적과 방향을 잃어가고 있다.

기술이 인간을 대신하고, 정보가 사고를 대신하는 시대, 사람들은 인생의 목적을 묻기보다는 데이터가 제시하는 방향에 따라 움직인다. 진학은 점수에 따라 결정되고, 진로는 안정성과 연봉에 따라 선택되며, 인생의 목표는 '남들과 비교해 뒤처지지 않는 것'이 되어 버렸다. 이처럼 타인의 시선과 외부 기준이 삶의 방향을 정하는 사회에서 '나는 왜 사는가'라는 질문은 사치처럼 여겨지고 있다. 그러나 진정한 인간의 삶은 방향이 있을 때 비로소 의미를 갖는다. 방향 없는 성공은 결국 공허로 이어지고, 목적 없는 경쟁은 인간을 소외시킬 뿐이다. 그러므로 우리는 다시 이 질문으로 돌아가야 한다. 나는 왜 사는가?

인생관이란 인간이 인생을 어떻게 이해하고 해석하며, 어떤 목적과 가치를 중심으로 살아가야 하는지를 결정짓는 삶의 틀이다. 인생관은 단순한 사상이 아니라, 존재의 해석이며 삶의 방향이다. 한 개인이 어떤 인생관을 가지고 있느냐에 따라 그의 선택은 달라지고, 삶의 내용도 달라진다. 인생관은 우리의 감정, 관계, 직업, 재물, 죽음까지 포함한 삶의 모든 영역을 지배하며, 더 나아가 한 사회의 문화와 제도, 교육과 정치에까지 영향을 끼친다. 그러므로 인생관은 단지 개인적인 문제가 아니라 공동체적이고 문명적인 문제이며, 그 사회가 어떤 인간상을 지향하는가를 결정하는 정신문화의 뿌리이다.

불행히도 현대 사회는 인생관을 가르치지 않는다. 학교는 취업을 위한 스펙을 요구하고, 사회는 경쟁에서 살아남을 기술을 요구할 뿐, 왜 살아야 하는가를 묻지 않는다. 사람들은 살아가면서도 '왜 사는가'를 질문하지 않으며, 그 결과는 삶의 방향 상실과 정체성의 혼란으로 나타난다. 자살률은 증가하고, 인간관계는 단절되며, 목적 없는 일상 속에서 사람들은 우울과 무기력에 빠진다. 삶은 풍요로워졌지만 존재는 허전해졌고, 기술은 발전했지만 인간성은 후퇴하고 있다. 이것은 인생관의 위기이며, 동시에 우리 시대의 윤리적, 영적 붕괴를 반영하는 징후이다.

성경적 세계관은 인간의 삶에 분명한 답을 제시한다. 인간은 우연히 생겨난 존재가 아니라, 창조주 하나님의 뜻과 형상대로 지어진 목적 있는 존재이다. 하나님은 인간을 창조하시고, 그에게 생명과 사명과 사랑의 능력을 부여하셨다. 즉, 인간은 하나님과의 관계 속에서 비로소 자신의 존재 이유를 발견하며, 창조주의 명령을 따라 이 땅을 다스리고 지키는 청지기로 부름 받았다. 그러나 죄로 인해 인간은 하나님과의 관계에서 단절되었고, 그로 인해 인생의 의미와 방향을 상실하게 되었다. 방황, 욕망, 고통, 죽음, 허무는 모두 이 단절에서 비롯된 결과이며, 이 단절은 인간 스스로의 힘으로는 회복할 수 없다.

창조주 하나님은 인간과 하나님 사이에 발생한 '단절의 문제'를 예수 그리스도를 통한 십자가의 구속이라는 사건을 통해 회복시킨다. 예수 그리스도를 통한 구속은 단지 죄의 사함만이 아니라, 삶의 방향과 정체성을 회복시키는 복음의 능력이다. 그러므로 성경적 인생관은 하나님과의 관계 회복을 바탕으로, 내가 누구이며, 왜 이 세상에 존재하는지를 명확히 정의한다. 그것은 또한 내가 어떻게 살아야 하며, 무엇을 위해 죽어야 하는지까지 포함하는 포괄적이며 통합적인 인생의 해석이다. 성경은 인생을 창조-타락-구속-완성이라는 내러티브로 풀어내며, 그 안에서 우리는 참된 인생의 목적과 방향을 발견하게 된다.

그래서 제3부에서는 인생의 본질과 목적, 그리고 그 삶의 구체적인 구성 요소들을 다룰 것이다. '나는 누구인가'라는 존재론적 질문에서부터 '왜 사는가'라는 목적론적 탐구, '무엇이 중요한가'라는 가치 판단, 그리고 '어떻게 살아야 하는가'라는 윤리적 실천까지 통합적으로 살펴볼 것이다. 고난과 행복, 노동과 소명, 사랑과 죽음, 자기부인과 헌신, 그리고 영원에 이르는 삶의 주제들이 이 안에서 하나님의 뜻에 대한 통찰과 함께 펼쳐질 것이다. 이를 통해 우리는 삶의 중심을 되찾고, 흔들리는 세상 속에서 변하지 않는 인생의 나침반을 세우게 될 것이다.

이제 우리는 다시 질문해야 한다. 나는 왜 이 세상을 살아가는가? 나는 누구를 위해, 무엇을 향해 달려가고 있는가? 이 질문에 대한 답은 삶의 질

 행복 인문학

을 결정하며, 인생의 방향을 바르게 설정해 준다. 이 답이 진리 위에 세워질 때, 우리는 흔들리지 않는 정체성과 분명한 소명을 가지고 살아갈 수 있다. 진리 안에서의 인생관은 단지 철학이 아니라 삶의 능력이며, 복음 안에서의 정체성은 인생의 모든 질문에 응답하는 하나님의 음성이다. 이 제3부가 그 길을 함께 걷는 여정이 되기를 바란다.

제1장.

나는 누구인가 - 나를 찾는 인생의 시작

"나는 누구인가?" 이 질문은 인류 역사에서 가장 오래되고, 가장 깊으며, 가장 중요한 질문 중 하나다. 모든 철학과 종교, 문학과 예술, 심리학과 교육학은 결국 이 질문에 대한 대답을 탐색하는 과정이다. 그러나 이 질문은 시대가 갈수록 외면당하고 있다. 현대인은 자기소개서에는 능하지만, 자기 자신을 제대로 설명하지는 못한다. SNS를 통해 자신을 표현하는 데 익숙하지만, 정작 자신이 누구인지에 대한 본질적인 이해는 부족하다. '나는 누구인가?'라는 물음이 사라진 사회는 자기 상실의 사회이며, 방향을 잃은 인생은 외부 환경에 휘둘릴 수밖에 없다. 자기를 모르면 삶의 중심을 잃고, 자기를 바로 알면 인생 전체가 바로 선다. 그러므로 인생의 모든 질문 가운데 가장 먼저 물어야 할 질문은 바로 '나는 누구인가'다. 이것은 단지 자아정체성의 문제만이 아니라, 존재의 뿌리를 찾는 일이며, 의미와 목적, 관계와 삶의 태도까지 결정짓는 근본적 질문이다.

현대인은 정체성의 혼란 속에 살아가고 있다. 사람들은 자신을 직업이나 사회적 지위, 학력, 외모, 경제력, 혹은 소셜미디어에서의 영향력으로 정의하려 하지만, 이 모든 것은 변덕스럽고 일시적인 것들이다. 그런 조건들로는 결코 인간 존재의 깊이와 본질을 담아낼 수 없다. 어떤 사람은

"나는 부모의 기대를 충족시키기 위해 사는 존재", "나는 이 회사에서의 역할", "나는 시험 성적이나 성과로 평가되는 존재"라고 생각한다. 그러나 이런 정의는 자기를 도구화하거나 외부에 종속된 방식으로 이해하는 오류를 범하게 한다. 우리는 단지 무엇을 하느냐로 존재를 증명하는 존재가 아니라, 누구인가로부터 삶의 모든 것이 출발하는 존재다. 그러므로 자기 존재를 바로 아는 것이야말로 인생의 시작이다.

성경적 세계관은 인간이 누구인지에 대한 분명하고도 위대한 선언으로 시작한다. "하나님이 자기 형상대로 사람을 창조하시되, 남자와 여자를 창조하시고…"(창 1:27). 이 말씀은 인간이 단순히 진화의 산물이 아니라, 창조주의 의도와 설계 속에서 지어진 존재임을 말해 준다. 하나님은 인간을 그분의 '형상'대로 지으셨다고 말씀하신다. 여기서 말하는 '형상'(히브리어 tselem)은 외모나 신체 구조를 의미하는 것이 아니라, 존재의 본질과 기능, 그리고 관계적 구조를 포함한 포괄적 개념이다. 인간은 하나님의 속성을 반영하는 존재이며, 하나님과 교제할 수 있는 존재, 그리고 그분의 뜻을 이 땅에 실현할 수 있는 존재로 지음 받았다. 이것이 인간 존재의 본질이다.

'하나님의 형상'은 인간 존재의 독특성과 고귀함을 말해 준다. 인간은 동물과 구별되며, 인공지능과는 비교할 수 없는 인격적 존재다. 인간은 자유의지를 가지고 있고, 도덕적 판단을 할 수 있으며, 예술을 창조하고, 언어로 감정을 표현하며, 죽음 이후를 묻는 존재다. 무엇보다도, 인간은 하나님을 인식하고, 그분을 경외하며, 사랑하고 순종할 수 있는 영적인 존재다. 이것이 인간의 고귀함이며, 이 가치를 잃어버릴 때 인간은 자신을 목적이 아니라 수단으로, 생명이 아니라 자원으로 보게 된다. 인간 존재의 위기는 곧 하나님의 형상에 대한 망각에서 비롯된다. 인간이 하나님의 형상대로 지음 받았다는 사실을 부정할 때, 인간은 자기 존재를 물질화하고, 기능화하며, 타자화하게 된다.

그러나 문제는, 우리가 그렇게 지어진 존재임에도 불구하고, 실제 삶 속에서 하나님의 형상을 온전히 드러내지 못한다는 데 있다. 왜 그런가? 그것은 바로 죄 때문이다. 성경은 인간이 하나님을 떠났을 때, 하나님의 형상이 깨졌다고 말한다. 깨졌다는 말은 완전히 사라졌다는 뜻이 아니라, 왜곡되었다는 뜻이다. 인간은 여전히 하나님의 형상을 지니고 있지만, 그 형상은 어그러졌고 훼손되었다. 탐욕과 교만, 정욕과 시기, 불신과 폭력이 인간의 본질을 흐리고, 하나님의 뜻을 거스르는 방식으로 인생을 끌고 가게 되었다. 그래서 인간은 자신이 누구인지도 잊고, 무엇을 위해 살아야 하는지도 모르며, 자기중심성과 자기도취 속에 길을 잃는다. 이것이 타락 이후 인간 존재의 모습이다.

그러므로 진정한 자아 발견은 단지 내 안을 들여다보는 심리적 탐색으로는 불가능하다. 내가 누구인지를 알기 위해서는 '나를 지으신 분이 나를 어떻게 보시는가'를 먼저 물어야 한다. 존재는 스스로 의미를 구성할 수 없다. 창조주와의 관계 안에서만 피조물의 정체성이 밝혀진다. 성경은 인간을 '흙으로 빚어진 존재'라고 말한다. 흙은 연약함과 의존성을 상징한다. 그러나 동시에 인간은 '생기를 불어넣은 존재'다. 하나님이 그 코에 생기를 불어넣으셨을 때 비로소 생령이 되었다(창 2:7). 즉, 인간은 연약하지만 존귀하고, 유한하지만 영원을 사모하며, 땅에 발을 딛고 있지만 하늘을 바라보는 존재다. 이것이 바로 인간의 정체성이다.

예수 그리스도는 이 타락한 인간의 형상을 다시 회복하기 위해 이 땅에

　　　　　　　　　　　　행복 인문학

오셨다. 그분은 '보이지 않는 하나님의 형상'이시며(골 1:15), 우리 안에 일그러진 형상을 십자가를 통해 다시 새롭게 하셨다. 예수를 믿는다는 것은 단지 죄 사함을 받는 것을 넘어서, 하나님의 형상으로 회복되는 여정을 시작하는 것이다. 그 회복은 성령을 통해, 말씀을 통해, 공동체 속에서 이루어지며, 마침내 영화롭게 되는 날까지 계속된다. 그러므로 '나는 누구인가'라는 질문에 대한 궁극적인 대답은, "나는 하나님의 형상이며, 그리스도 안에서 회복되는 존재다"라는 신앙고백으로 귀결되어야 한다.

인생은 '나를 찾는 여정'이기도 하다. 그러나 그 여정은 결코 내 안에만 갇혀 있는 탐색이 아니다. 하나님 안에서 나를 다시 보는 시선을 갖지 않으면, 인간은 끊임없이 자신을 왜곡하게 된다. 세상은 외모와 능력, 성공과 인기를 기준으로 인간을 정의하려 하지만, 하나님은 마음을 보시며 존재의 깊이를 기준으로 평가하신다. 나를 향한 하나님의 시선을 회복할 때, 우리는 비로소 나 자신을 온전히 받아들이고, 정체성과 사명을 회복할 수 있다. 자기 이해는 곧 자기 수용으로 이어지고, 수용된 자아는 타인을 이해하고 품을 수 있는 자아로 성숙해 간다.

이 장은 단지 인간론의 설명이 아니라, 삶을 다시 시작하게 하는 정체성의 선포다. 나는 누구인가? 나는 하나님의 형상이다. 나는 부족하지만 귀하고, 연약하지만 목적이 있으며, 무가치해 보일지라도 하나님의 사랑을 입은 존재다. 그리고 그 존재는 지금도 변화 중이며, 회복 중이고, 하나님이 기뻐하시는 방향으로 자라 가고 있다. 이것이 나다. 이 진리를 붙드는 것이야말로 진정한 자아 발견의 시작이며, 인생의 근본을 바로 세우는 첫걸음이다.

제2장

왜 사는가 - 삶의 목적과 존재의 이유

'왜 사는가?' 이 질문은 철학자들만의 것이 아니다. 삶의 방향을 고민하는 청소년에게도, 안정된 직장과 가정을 이룬 중년에게도, 인생의 황혼기를 맞이한 노년에게도 이 질문은 결코 낯설지 않다. 인간은 단지 숨 쉬고 먹고 일하고 잠자는 생물학적 존재가 아니다. 우리는 삶에 목적을 두며, 그 목적이 흔들릴 때 삶 자체가 무너지는 존재다. 목적은 방향을 만들고, 방향은 선택을 이끈다. 왜 살아야 하는지 모르는 사람은 어떻게 살아야 하는지도 알지 못하고, 결국 방황하거나 무기력 속에 머물 수밖에 없다. 인생에서 가장 깊고 본질적인 질문은 '어떻게 살 것인가'가 아니라, 바로 '왜 살아야 하는가'이다.

현대 사회는 이 질문에 대한 답을 점점 외면하고 있다. 사람들은 성공, 명예, 쾌락, 안전, 편안함 등을 삶의 목표로 삼는다. 하지만 그것들이 인생의 참된 목적일 수 있을까? 성공은 또 다른 실패의 시작이 될 수 있고, 명예는 사람들의 기억 속에서 금방 사라지며, 쾌락은 만족을 줄 것 같지만 금세 중독과 허무를 남긴다. 편안함을 좇는 삶은 도전과 성장을 막고, 결국 존재의 이유마저 흔들리게 한다. 그래서 사람들은 반복된 성취와 피로 속에서 묻는다. "나는 지금 무엇을 위해 이 모든 것을 하고 있는가?" 삶의 목적이 명확하지 않으면, 그 어떤 성취도 우리를 만족시키지 못한다.

삶의 목적은 외부 조건에 의해 주어지지 않는다. 그것은 인간 존재 자체에 내재되어 있다. 철학자들은 이 질문을 수없이 탐색했다. 아리스토텔레스는 인간의 목적을 '행복(eudaimonia)'이라고 보았고, 칸트는 '도덕법칙에 자율적으로 순종하는 이성적 존재'라고 정의했다. 니체는 '자기 극복을 통한 초인의 실현'을 삶의 이상으로 제시했고, 하이데거는 인간을 '죽음을 향해 나아가는 존재(Dasein)'로 보며, 유한성 속에서 존재의 의미를 자각해야 한다고 했다. 이처럼 인간의 목적을 찾는 다양한 시도들이 있었지만, 결국 공통된 전제는 '인간은 의미를 찾는 존재'라는 사실이다. 그리고 그 의미는 단지 내 안에서 만들어지는 것이 아니라, 더 크고 궁극적인 실재와의 관계 안에서 발견되어야 한다.

성경은 이 문제에 대해 가장 명확하고도 근본적인 대답을 제공한다. 인간은 하나님에 의해 창조되었고, 그분의 영광을 위하여 지어졌다. 이사야 43장 7절은 "내 이름으로 불려지는 모든 자, 곧 내가 내 영광을 위하여 창조한 자를 오게 하라"고 말한다. 하나님은 인간을 자신의 형상대로 지으셨고, 그분의 뜻을 이 땅에서 실현하는 존재로 부르셨다. 인간의 삶은 하나님의 창조 목적에 응답할 때 비로소 진정한 의미를 갖는다. 그것은 단지 종교적 명제가 아니라, 인간 존재 전체에 대한 해석이다. 인간은 하나님을 알고, 그분을 사랑하고, 그분의 뜻을 따라 살아갈 때 가장 인간답게 살 수 있다.

삶의 목적은 단지 '무엇을 이루는가'에 있지 않다. 성경적 삶의 목적은 '하나님과의 관계 회복'과 '그분의 뜻 실현'에 있다. 미가서 6장 8절은 "사람아 주께서 선한 것이 무엇임을 네게 보이셨나니, 여호와께서 네게 구하시는 것은 오직 정의를 행하며 인자를 사랑하며 겸손히 네 하나님과 함께 행하는 것이 아니냐"고 말씀하신다. 삶의 목적은 위대함이 아니라 신실함에 있고, 성공이 아니라 순종에 있다. 그리고 이 순종은 억지로가 아니라, 사랑 안에서 이루어진다. 하나님을 사랑하고 이웃을 사랑하는 삶, 이것이 예수께서 말씀하신 '율법과 선지자의 강령'이며, 바로 우리 삶의 존재 이유다.

이 목적이 분명해질 때 삶의 모든 영역은 새롭게 해석된다. 고난은 단지 피해야 할 재난이 아니라, 하나님이 우리를 단련하시고 인격을 빚으시는 과정으로 이해된다. 노동은 생존의 수단이 아니라 하나님의 창조명령에 순종하며 이 땅을 가꾸는 거룩한 소명으로 변한다. 관계는 소비나 도구가 아니라, 하나님의 사랑을 나누는 통로가 되며, 재물은 축적의 수단이 아니라 나눔과 섬김의 자원이 된다. 심지어 죽음조차 삶의 종말이 아니라, 하나님께로 돌아가는 통로가 되며, 이 세상에서의 모든 행적이 영원의 가치와 연결된다는 사실을 자각하게 된다.

그리스도인은 '왜 사는가'라는 질문에 대해 이미 분명한 답을 가진 사람들이다. 우리는 하나님의 은혜로 구속받았으며, 그분의 형상을 회복해가는 존재다. 우리는 이 땅에서 하나님 나라의 가치를 실현하며, 세상의 빛과 소금으로 부름 받았다. 이것이 우리의 존재 이유이며, 모든 삶의 동력이다. 신앙은 단지 교회를 다니는 행위가 아니라, 삶 전체의 방향성이 하나님을 향해 있는 인간의 모습이다. 우리의 일상, 우리의 말과 행동, 우리의 선택과 시간 사용까지도 하나님 앞에 있는 삶(Coram Deo)이어야 한다. 삶의 목적을 분명히 아는 사람은 흔들리지 않는다. 유혹 앞에서도, 실패 앞에서도, 고통 앞에서도 그는 그 길을 잃지 않는다.

　　　　　　　　　　　　　　　　　　　　　　　　행복 인문학

이 장은 우리 각자에게 다시 묻는다. 당신은 왜 살아가는가? 그 목적은 외부의 기준인가, 내면의 욕망인가, 아니면 하나님의 뜻인가? 지금의 삶은 그 목적에 충실한가, 아니면 흘러가는 대로 이끌리고 있는가? 인생은 짧고 기회는 한정되어 있다. 그러나 그 안에서 하나님의 목적을 붙든 사람은 순간을 영원으로 연결시키는 삶을 산다. 우리가 하나님의 형상대로 지어진 존재라면, 그분의 영광을 위해 살아가는 것이야말로 가장 본질적이고 아름다운 목적이 아니겠는가? 오늘, 이 질문 앞에 다시 서자. 그리고 진리 안에서, 사랑 안에서, 하나님 앞에서 삶의 목적을 다시 세우자. 그것이 참된 행복의 시작이며, 인간다운 삶의 회복이다.

제3장.

올바른 재산 관리 - "내 것"은 나눈 것뿐이다

'내 것'이란 무엇인가? 인간은 태어나면서부터 본능적으로 '소유'에 대한 감각을 가지고 있다. 아이는 자기 장난감을 집착하며 '내 것'이라고 외친다. 어른이 되어서도 마찬가지다. 집, 돈, 자동차, 지식, 명예, 인간관계, 심지어는 시간과 감정까지도 우리는 '내 것'으로 여긴다. 그러나 정작 그 모든 것을 마지막에 남겨 두고 떠나야 한다는 사실 앞에서 우리는 질문하게 된다. "내가 가진 것이 진짜 내 것인가?" 소유의 본질에 대한 이 물음은 단순한 경제적 질문이 아니라 인생관의 문제이며, 인간 존재의 목적과 연결되는 깊은 성찰을 요구한다. 세상은 재물을 가진 자에게 박수를 보내고, 소유한 자를 기준으로 사람을 평가한다. 그러나 인생의 마지막 순간, 우리가 진정으로 붙들 수 있는 것은 얼마나 가졌느냐가 아니라, 무엇을 어떻게 사용했는가이다. '내 것'의 본질은 소유가 아니라 관계 속에서 나누는 것이다.

세상은 우리에게 더 많이 소유하고, 더 많이 축적하라고 말한다. 모든 사람이 부자가 되기 위해 노력하고, 성공한 사람은 곧 많은 재산을 소유한 사람으로 여겨진다. 그러나 성경은 소유에 대해 전혀 다른 관점을 제시한다. 예수님은 '자기를 위하여 재물을 쌓아 두고 하나님께 대하여 부요

 행복 인문학

하지 못한 자'를 어리석은 자라 하셨다(누가복음 12:21). 여기서 예수님은 '소유의 방향성'에 대해 경고하신다. 땅에만 시선을 둔 재물 축적은 결국 자기만족과 탐욕의 우상이 되기 쉽다. 반면 하나님께 부요하다는 것은, 자신의 재물을 하나님 나라와 이웃을 위해 사용하는 것을 의미한다. 잠언 11장 24절은 "흩어 구제하여도 더욱 부하게 되는 일이 있나니, 과도히 아껴도 가난하게 될 뿐이라"고 말씀한다. 이는 하나님의 경제는 세상의 원칙과 반대임을 보여 준다. 인간의 본능은 움켜쥐는 것이지만, 하나님의 원리는 나눌수록 풍성해진다는 것이다.

'내 것'이라는 개념을 성경적으로 말할 때 모든 것은 하나님의 것이다. 하나님은 땅과 거기 충만한 것, 세계와 그 가운데 사는 모든 것이 다 주의 것이라 하셨다(시편 24:1). 인간은 다만 그것을 잠시 위임받아 관리하는 청지기일 뿐이다. 이 청지기 사상은 성경 전체를 관통하는 중요한 원리다. 하나님은 인간에게 소유의 자유를 주셨지만, 그것은 절대적 권한이 아니라 위탁받은 책임이다. 우리가 재산, 건강, 시간, 능력, 지식, 심지어 자녀까지도 하나님의 것임을 인정하고 다스릴 때 우리는 비로소 겸손과 책임을 함께 갖춘 삶을 살 수 있다. 그러므로 '내 것'이라는 말에는 언제나 하나님의 허락하심이 전제되어 있음을 잊지 말아야 한다. 지금 내 손에 있는 모든 것은 내 소유가 아니라, 하나님께서 일시적으로 맡기신 것이며, 언젠가 그분께 다시 회계해야 할 책임이 따르는 것이다. 그러므로 내 것은 오직 하나님의 이름으로 다른 사람에게 나누어 준 것뿐인 것이다.

예수님은 재물을 땅에 쌓지 말고 하늘에 쌓으라고 하셨다. 그것은 단지 천국의 은유가 아니라, 현실에서 재물의 목적을 바꾸라는 명령이다. 이웃을 돕고, 선한 일을 위해 쓰고, 가난한 자를 돌보는 일이 곧 하늘의 은행에

저축하는 것이라는 진리다. 성경은 선한 일을 많이 하고 나누어 주기를 좋아하며 동정하는 자가 되라고 권면하며, 그것이 장래에 자기를 위하여 좋은 터를 쌓는 것이라 말한다(딤전 6:18-19). 오늘날 자신의 보화를 땅에 쌓는 방법은 예금, 주식, 부동산, 펀드, 암호화폐, 연금/보험 등 각종 투자 행위를 말한다. 그러나 성경이 가르치는 하늘 창고에 보화를 쌓은 방법은 이 땅에서 하나님의 가치와 뜻을 따라 살며 영원한 것을 추구하는 삶을 말한다. 즉, 이웃 사랑과 구제, 복음 전파와 하나님 나라의 확장을 위한 교육활동, 자연환경과 생태계를 보호하기 위한 지출 등을 말한다. 이처럼 하늘 창고에 쌓은 보화는 결코 도둑맞지 않고, 녹슬지 않으며, 영원히 기억된다. 즉, 우리가 세상에서 나눈 친절, 흘려보낸 정성, 드린 헌금은 하나님의 통장에 저장된 믿음의 행위가 된다.

소유는 우리 삶의 질서를 형성하지만 동시에 인간의 영혼을 사로잡는 위협이 되기도 한다. 부는 사람을 교만하게 만들 수 있고, 가난은 사람을 자책하게 만들 수 있다. 그러나 성경은 어느 쪽도 절대화하지 않는다. 하나님은 부자도, 가난한 자도 모두 사용하신다. 중요한 것은 '마음이 어디를 향하고 있느냐'는 것이다. 하나님보다 재물을 더 사랑하면, 부자는 멸망의 길로 빠진다. 가난한 자도 불평과 원망에 빠지면 그 마음은 악해진다. 그러므로 소유는 하나님과의 관계 안에서 바라보아야 한다. 탐욕과 인색은 인간을 무너뜨리며, 나눔과 기부는 인간을 살린다. 현대 사회에서는 어려운 일로 생각되지만, 사도행전에서 초대교회 성도들은 자기의 것을 공동체와 나누며 부족한 자가 없게 하였다. 이것이 진정한 '내 것'의 용법이다.

오늘날 사회는 물질의 풍요 속에 영혼의 빈곤을 경험하고 있다. 많은 것을 소유했지만 아무것도 소중하게 여기지 못하고, 많은 것을 가졌지만 결코 만족하지 못하는 시대다. 가진 자는 더 가지려 하고, 없는 자는 가진 자를 부러워하며 분노한다. 이 갈등의 구조를 넘어서는 길은 단지 분배의 정의가 아니라, '소유에 대한 관점'의 전환이다. 내가 가진 모든 것을 내 것이 아니라 하나님께 받은 선물로 인식할 때, 그리고 그것을 하나님의 뜻에 따라 사용할 때, 비로소 그 재물은 축복이 된다. 나눌수록 풍성해지고, 베풀수록 기쁨이 되는 인생, 그것이 성경이 말하는 '선한 부자'의 길이다.

이 장은 단지 경제윤리에 관한 논의가 아니다. '내 것'이라는 오랜 집착과 착각에서 벗어나, 참된 자유와 기쁨의 세계로 나아가는 믿음의 선언이다. 예수님은 자신이 가진 모든 것을 나누셨다. 생명조차도 아낌없이 주셨다. 우리 역시 '주는 것이 받는 것보다 복되다'는 그리스도의 교훈을 삶으로 증명하며, 하나님의 창고에 날마다 사랑과 섬김을 쌓는 인생을 살아야 한다. 재물은 흘러야 생명이 있고, 나눌 때 하늘의 뜻을 이룬다. 오늘 우리는 그 재물의 흐름 속에서 하나님의 통로가 될 것인가, 아니면 땅의 창고에 썩히는 자가 될 것인가를 선택해야 한다. 이것이 진정한 재산 관리이며, '내 것'의 참된 의미다. 그리고 이 진리 위에 삶을 세우는 자만이 결국 세상 속에서도 흔들리지 않는 재정적 지혜와 영적 자유를 함께 누리는 행복을 성취하게 된다.

제4장.

수고와 땀의 의미 - 일은 고생인가, 사명인가

사람은 누구나 일을 한다. 그것이 직업의 형태로 나타나든, 가정에서의 책임이든, 또는 공동체 내에서의 역할이든, 인간은 수고하고 땀 흘리는 존재로 살아간다. 그러나 '일'에 대해 갖는 인식은 사람마다 다르다. 어떤 이에게 일은 고통의 원천이며, 어쩔 수 없이 감당해야 하는 의무일 뿐이다. 또 다른 이에게는 자아를 실현하고 존재의 가치를 증명하는 수단이다. 오늘날 많은 사람들은 '출근이 싫다'며 일에 대한 피로감을 호소하고, 일에서 벗어난 삶, 곧 '노동 없는 자유'를 꿈꾼다. 과연 일은 인간을 억압하는 짐인가, 아니면 인간을 존귀하게 하는 소명인가?

성경적 세계관은 인간이 창조될 때부터 일을 하도록 지음 받았다고 본다. 창세기 2장 15절은 하나님께서 사람을 에덴동산에 두어 그것을 '경작하며 지키게 하셨다'고 기록한다. 즉, 인간은 타락 이전부터 일을 하고 있었다. 이는 노동이 죄의 결과나 형벌이 아니라, 창조 질서 속에서 주어진 본래적 사명임을 보여 준다. 하나님께서도 엿새 동안 세상을 창조하시고 일곱째 날에 안식하셨다. 일은 하나님의 본을 따르는 인간의 창조적 행위이며, 하나님의 형상을 반영하는 삶의 방식이다. 따라서 일은 인간을 피곤하게 만드는 저주가 아니라, 인간다움을 증명하는 가장 근본적인 활동

　　　　　　　　　　　　　　　　　　　　　行복 인문학

이다.

하지만 인간의 타락 이후 노동은 고통스러운 현실로 바뀌었다. 하나님은 땅이 가시덤불을 내며, 사람이 얼굴에 땀이 흘러야 먹고 살게 될 것이라 말씀하셨다(창 3:17-19). 노동의 본질은 변하지 않았지만, 그 과정이 수고롭고 피곤한 것으로 바뀐 것이다. 이로 인해 사람들은 일과 고통을 동일시하게 되었고, 일에 대해 부정적인 감정을 품게 되었다. 그러나 그리스도 안에서 이 노동은 회복된다. 바울은 "무슨 일을 하든지 마음을 다하여 주께 하듯 하고 사람에게 하듯 하지 말라"(골 3:23)고 말하며, 일의 방향을 하나님께로 돌려놓았다. 그리스도인은 일을 통해 하나님을 섬기며, 세상을 향해 빛과 소금의 역할을 감당한다.

현대 사회는 일의 의미를 실용적 가치나 경제적 보상으로 한정짓는 경향이 있다. 연봉, 복지, 승진, 명예가 일의 가치를 결정짓는 척도로 간주된다. 하지만 그런 기준은 곧 피로와 소외, 그리고 허무를 가져온다. 인간은 본질적으로 '의미'를 좇는 존재이며, 보상 없는 수고라 할지라도 거기에서 가치를 느끼고 싶어 한다. 누군가는 자녀를 돌보며, 누군가는 환자를 돌보며, 또 누군가는 가난한 이웃을 섬기며 일의 기쁨을 경험한다. 이것이 바로 하나님께서 일에 담아 주신 본래적 의미이다. 일은 단순한 생계의 수단이 아니라, 세상을 가꾸고 이웃을 섬기며 하나님의 뜻을 이루는 사역이다.

성경적 인생관에서 일은 단지 개인의 유익을 위한 수단이 아니다. 하나님은 인간에게 생육하고 번성하며 땅을 정복하고 다스리라는 사명을 주셨다(창 1:28). 이 창조명령은 인간이 세계와 관계를 맺고, 자원을 돌보며, 문화와 문명을 창출하는 총체적 활동을 포함한다. 곧 일은 인간이 하나님의 동역자로서 이 땅에 질서와 생명을 퍼뜨리는 수단이다. 이는 직업의 종류와는 무관하다. 목수든, 교사든, 공무원이든, 가정주부든, 정직과 사랑, 책임과 헌신으로 일한다면 그 모든 일이 하나님 앞에서 존귀한 사명이 된다. 하나님은 단지 우리가 무엇을 하느냐보다, 어떻게 하느냐를 보신다.

일은 또한 자아를 성장시키고 공동체를 살리는 힘이다. 우리는 일하면서 인내를 배우고, 갈등 속에서 지혜를 얻으며, 동료들과의 협력 속에서 상호 존중을 익힌다. 특히 청소년과 청년들에게 일은 자립과 책임을 배우는 가장 현실적인 훈련장이며, 자신의 재능과 소명을 발견하게 하는 과정이다. 반면 일하지 않음은 인간을 무기력하게 만들고, 존재 이유를 잃게 만든다. 성경은 "일하기 싫거든 먹지도 말라"(데살로니가후서 3:10)고 경고하며, 건강한 노동윤리를 강조한다. 이것은 자본주의적 가치 이전에 성경적 가치이며, 인간의 존엄을 지키는 길이기도 하다.

오늘날 우리는 '일중독'과 '일회피'라는 두 극단 사이에서 방황하고 있다. 한쪽에서는 성과와 경쟁의 논리에 몰입한 채 인간성을 잃어 가고, 다른 한쪽에서는 책임과 수고를 거부한 채 쾌락과 무위의 삶을 추구한다. 그러나 성경은 이 두 가지 모두를 경계한다. 하나님께서 기뻐하시는 일은 자기희생과 동시에 자율성을 포함하며, 타인을 위한 봉사와 동시에 자기계발의 기쁨도 함께 동반한다. 즉, 하나님께서 원하시는 일의 형태는 강요나 중독이 아니라, 자발적 순종과 기쁨의 수고이다. 진정한 노동은 고생이 아니라 기쁨이며, 고통이 아니라 감사다.

성경은 일에 대한 복된 약속도 함께 제시한다. "수고한 대로 먹으리니 복되고 형통하리로다"(시편 128:2)라는 말씀은 단지 물질적 보상이 아니

 행복 인문학

라, 수고가 헛되지 않다는 위로와 보장을 담고 있다. 하나님은 일하는 자를 기뻐하시고, 정직하게 수고하는 자에게 은혜를 더하신다. 그리고 그 일을 통해 공동체가 살아나고, 사랑이 퍼지고, 진리가 실현된다. 일은 단지 생산의 수단이 아니라, 하나님의 창조 질서를 완성해 가는 실제적 통로이다. 그래서 그리스도인은 일터에서도 예배하듯 살아야 한다. 일상과 신앙, 노동과 예배는 결코 분리되지 않는다.

이 장은 우리에게 다시 한 번 질문한다. '나는 왜 일하는가?' '무엇을 위해 땀 흘리고 있는가?' 그리고 '지금의 수고는 누구를 위한 것인가?' 이 질문에 대한 대답은 단지 직업의 문제를 넘어서, 인생의 정체성과 목적을 밝히는 단서가 된다. 만약 우리가 하나님의 부르심 앞에서, 그리고 이웃을 섬기는 마음으로 일한다면, 그 어떤 직업도 성스러운 일이 된다. 하나님은 우리의 수고를 기억하시고, 땀을 거룩하게 하신다. 그러므로 우리는 고된 노동 속에서도 낙심하지 말고, 불완전한 현실 속에서도 기쁨을 발견하며, 맡겨진 자리에서 끝까지 충성할 수 있어야 한다. 그때 일은 더 이상 고생이 아니라, 거룩한 사명이며 축복이 된다.

제5장

고통은 왜 존재하는가 - 상처와 눈물 속에서 만나는 하나님

"왜 고통은 존재하는가?" 이 질문은 인간이라면 누구나 삶의 어느 순간 반드시 마주하게 되는, 가장 깊고도 본질적인 물음이다. 사랑하는 사람의 죽음 앞에서, 설명할 수 없는 질병과 사고 속에서, 인간의 탐욕과 악으로 파괴된 세계의 현실 앞에서 우리는 고통의 이유를 묻지 않을 수 없다. 철학자들과 신학자들은 이 질문을 '악의 문제'(the problem of evil) 혹은 '고난의 신정론'(theodicy)이라 부르며 오랜 세월을 두고 씨름해 왔다. 그러나 이 질문은 결코 이론으로만 다뤄질 수 없는, 우리의 삶 깊은 곳에서 피어나는 통곡이며 탄식이다.

세상은 끊임없이 고통을 제거하려 한다. 기술은 질병을 없애고자 하고, 제도는 불의를 줄이고자 하며, 종교조차 고통 없는 삶을 약속하려 한다. 하지만 인간의 문명이 아무리 발전해도 고통은 사라지지 않는다. 오히려 고통은 더 미묘한 방식으로, 더 깊은 내면의 고통으로 우리를 휘감고 있다. 고통을 피하려 하면 할수록 인간은 더욱 공허해지고, 얕은 위로는 오히려 상처를 더 깊게 할 뿐이다.

성경은 고통에 대해 솔직하다. 하나님은 인간의 고통을 감추거나 축소하지 않으신다. 오히려 성경은 고통의 기원을 분명히 밝히고, 고통 속에서도 하나님의 뜻과 위로를 선포하신다. 고통은 하나님의 창조 질서에 속한 본래 모습이 아니라, 인간의 타락으로 인해 세상에 들어온 죄의 결과이다(창 3:16-19). 인간이 하나님과의 관계를 거부하고 스스로 주인이 되려 했을 때, 하나님과의 단절은 곧 인간과 세계, 인간과 타인, 인간과 자기 자신과의 단절로 이어졌고, 그 결과 세상은 고통과 혼란 속에 빠지게 되었다.

그러나 성경은 고통을 단지 인간의 죄에 대한 형벌로만 보지 않는다. 하나님은 고통을 통해 인간을 다시 부르시고, 하나님께로 돌이키게 하시며, 성숙한 인격과 믿음을 빚어내시는 도구로 사용하신다. 욥기의 중심에는 "고통 속에서 하나님은 어디 계신가?"라는 질문이 흐르지만, 그 질문의 끝에서 욥은 새로운 고백에 이르게 된다. "내가 주께 대하여 귀로 듣기만 하였사오나 이제는 눈으로 주를 뵈옵나이다"(욥 42:5). 고통은 하나님을 새롭게 만나게 하는 영적 통로가 될 수 있다.

고통의 순간, 인간은 자신의 연약함을 직면하고 비로소 하나님을 바라보게 된다. 인간의 교만은 고통 앞에서 무너지고, 가려졌던 죄는 고난 속에서 드러난다. 그러므로 고통은 인간을 작게 만드는 것이 아니라, 자기 실상을 보게 하며, 진정한 회개와 겸손으로 이끄는 하나님의 은혜로운 손길이 될 수 있다. 다윗은 고백한다. "고난 당한 것이 내게 유익이라. 이로 말미암아 내가 주의 율례들을 배우게 되었나이다"(시편 119:71).

예수 그리스도의 삶 자체가 고난의 길이었다는 사실은 고통의 의미를 더욱 깊게 만든다. 그분은 하늘의 영광을 버리고 이 땅에 오셔서, 가난과 외로움, 배신과 십자가의 고통을 겪으셨다. 히브리서 4장 15절은 "그는 우리의 연약함을 동정하지 못하실 이가 아니시요, 모든 일에 우리와 똑같이 시험을 받으신 이"라고 말씀한다. 우리가 지나가는 모든 고통의 자리마다, 이미 그 길을 먼저 걸어가신 그리스도께서 함께하신다. 하나님은 고통을 멀리서 지켜보는 이가 아니라, 고통 속으로 들어오신 하나님, 우리의 눈물 속에서 함께 우시는 하나님이시다.

성경적 인생관은 고통을 피해야 할 절대 악이 아니라, 하나님의 신비로운 섭리 속에서 사용되는 도구로 본다. 하나님은 고통을 통해 인간을 연단하시고, 믿음을 정금같이 빚어내시며, 사람의 중심을 새롭게 하신다. 로마서 5장 3-4절은 "환난은 인내를, 인내는 연단을, 연단은 소망을 이루는 줄 알기 때문이니라"고 말씀한다. 고통은 절망의 끝이 아니라, 소망의 시작이 될 수 있다. 상처는 하나님의 손에 붙들릴 때, 생명을 살리는 통로가 되고, 공감과 사랑의 뿌리가 된다.

하지만 이것이 고통 자체가 선하다는 뜻은 아니다. 성경은 고통의 현실을 부정하지 않으며, 인간의 눈물과 절망 앞에 진심으로 응답하시는 하나님의 마음을 보여 준다. 예수께서 나사로의 무덤 앞에서 흘리신 눈물, 예레미야가 민족의 멸망을 바라보며 울부짖은 통곡, 시편 기자들의 탄식과 외침은 고통 속에서도 하나님이 우리와 함께하신다는 깊은 진리를 담고 있다.

결국 우리는 고통을 온전히 이해하려는 시도를 넘어서, 고통 속에서도 하나님을 신뢰하는 믿음으로 나아가야 한다. 고통은 때로 이해되지 않을 수 있지만, 신뢰는 언제나 이해보다 앞선다. "비록 무화과나무가 무성치 못하고 포도나무에 열매가 없으며… 나는 여호와로 말미암아 즐거워하리로다"(합 3:17-18). 이것이 고통 속에서도 기뻐할 수 있는 믿음이며, 하나님과 동행하는 자의 고백이다.

고통은 인간의 교만을 꺾고, 세상과 자신에 대한 환상을 걷어내어, 오직 하나님만을 바라보게 만든다. 그리고 그 고통 속에서 인간은 하나님께 더 가까이 다가서게 된다. 상처는 하나님의 만지심이 머무는 자리이며, 눈물은 하나님의 손길이 닿는 통로다. 우리가 고통 가운데 있을 때, 하나님은 멀리 계시지 않는다. 그분은 바로 그 자리에 계신다. 고통을 외면하지 않으시고, 고통 속에서 우리를 안아 주시는 분이시다. 그러므로 고통의 문제는 단지 '왜'라는 질문으로 끝나지 않는다. 그것은 '누구와 함께 이 고통을 견디고 있는가?'의 문제로 옮겨 간다. 그리고 그 답은 분명하다. 고통 속에서도 하나님은 우리와 함께 계신다. 그리고 하나님의 손안에 있는 인간의 고통은 절망이 아니라, 오히려 생명을 품은 씨앗이 된다.

제6장

자기희생 - 나를 부인하고 더 큰 사랑을 선택하는 삶

"누군가를 위해 자신을 희생한다는 것이 과연 가능할까?"

이 질문은 현대 사회에서 점점 더 낯선 물음이 되어 가고 있다. 이기적 생존 본능, 개인 중심의 가치관, 실용주의적 사고가 지배하는 시대에 '자기희생'이라는 단어는 이상적이거나 비현실적인 도덕 명제로 여겨지기 쉽다. 그러나 역설적이게도, 우리는 자기희생을 통해 진정한 감동과 존엄을 느낀다. 부모의 희생, 스승의 헌신, 이웃의 나눔, 선교사의 순교, 예수 그리스도의 십자가… 인류의 가장 위대한 이야기는 자기희생을 통해 쓰였다. 인간은 자기중심성을 본성으로 갖고 있지만, 동시에 타인을 위해 자신을 내어 줄 때 존재의 의미를 깊이 경험하는 영적 존재이기도 하다.

성경에는 '자기희생'을 가능케 하는 '자기부인'이라는 중요한 가르침이 있다. 예수께서는 제자들에게 "누구든지 나를 따르려거든 자기를 부인하고 자기 십자가를 지고 나를 따르라"(마태복음 16:24)고 말씀하셨다. 자기부인이란 단지 욕망을 억누르거나 자기를 포기하는 것이 아니다. 그것은 하나님의 뜻을 내 뜻보다 더 귀하게 여기는 인격적 결단이며, 자기중심적 삶에서 하나님 중심의 삶으로 방향을 전환하는 거룩한 결심이다. 진정한 자기희생은 자기를 부인하는 데서 시작된다. 자기중심성을 내려놓을 수 있을 때에만, 타인을 위한 온전한 헌신이 가능하다.

하지만 우리는 질문한다. "정말 내가 누군가를 위해 그렇게까지 할 수 있을까?" "나는 내 것 하나 제대로 챙기기도 바쁜데, 어떻게 나를 남에게 내어 줄 수 있단 말인가?" 이 의문은 정당하며, 또한 인간의 한계를 인정하는 고백이다. 성경은 우리 안에 자기희생의 능력이 본래 있지 않음을 인정한다. 우리는 본성적으로 자기 보호적이며, 이기적이고 계산적이다. 그러나 성경은 동시에 말한다. 그리스도 안에서 새로운 본성을 입을 때, 우리는 이전에는 할 수 없었던 사랑과 헌신을 실천할 수 있다. 성령은 우리 안에 그리스도의 마음을 심으시며, 그 사랑으로 말미암아 우리는 자기를 버리고 타인을 살리는 능력을 경험하게 된다.

마르틴 루터는 『그리스도인의 자유』에서, 기독교인의 삶을 두 가지 긴장 속에서 설명했다. "기독교인은 모든 것 위에 있는 자유로운 주인이며, 누구에게도 종속되지 않는다. 동시에 모든 것 밑에 있는 사랑의 종이며, 모든 사람에게 종이 된다." 이 표현은 자기희생의 본질을 매우 잘 보여 준다. 그리스도인은 죄와 율법에서 자유로운 존재이지만, 그 자유를 자기 유익에 쓰지 않고 오히려 타인을 위해 스스로를 종으로 내어 주는 자발적 희생의 삶을 살아간다. 루터는 이러한 헌신이 결코 인간의 결단이나 도덕성에서 나오지 않으며, 오직 믿음으로 말미암아 그리스도 안에서 주어진 자유와 사랑의 능력이라고 설명했다.

자기희생은 단지 위대한 일을 행하는 것이 아니다. 오히려 작고 평범한 일상 속에서 다른 사람을 위해 자신의 것을 내어 주는 행위로 나타난다. 부모가 자녀를 위해 잠을 줄이고, 이웃을 위해 자신이 먹을 것을 나누고, 교회 공동체를 위해 자발적으로 봉사하는 그 모든 행동 속에 하나님의 사랑이 스며들어 있다. 그것은 감정이나 의무가 아닌, 그리스도 안에서 회복된 본성과 삶의 목적이 낳는 열매다.

현대인은 헌신을 두려워한다. 책임을 회피하고, 고통을 기피하며, 나를 잃는 것을 실패라 여긴다. 하지만 그리스도인은 선한 목적을 위해 자신을 희생시킬 때, 오히려 진정한 자기를 발견하게 되는 역설을 믿는다. 예수께서 말씀하셨다. "자기 목숨을 얻고자 하는 자는 잃을 것이요, 나를 위하여 자기 목숨을 잃는 자는 얻으리라"(마태복음 16:25). 여기서 우리는 신앙의 핵심, 내가 나를 내려놓을 때, 하나님은 나를 더 크고 깊은 생명으로 채우신다는 진리를 만난다.

자기희생은 손해 보는 삶이 아니다. 그것은 하나님의 은혜가 흘러드는 통로다. 루터는 "하나님의 이름으로, 그리스도 안에서 행하는 헌신과 봉사의 삶은 하나님께서 더 선한 일을 할 수 있도록 능력과 기회를 채워 주신다는 믿음의 실제로 이어진다"고 말한다. 즉, 내가 나누는 만큼 줄어드는 것이 아니라, 오히려 더 넓고 깊은 하나님의 역사 안으로 들어가게 되는 것이다. 헌신은 축복이며, 희생은 소모가 아니라 은혜의 씨앗이다.

결국, 우리는 묻게 된다. "나는 누구를 위해 살고 있는가?" "나의 시간과 에너지, 재능과 자원을 어디에 드리고 있는가?" "나의 삶은 누구에게 유익이 되고 있는가?" 이 질문들 앞에서, 우리는 그리스도께서 보여 주신 자기희생의 본을 바라보게 된다. 그는 아무것도 가지지 않았지만, 모든 것을 주셨고, 십자가에서 자신을 내어 주심으로 모든 인류에게 생명을 주셨다.

그분을 따르는 자로서, 우리 역시 삶을 나누고, 자신을 드릴 때 비로소 참된 기쁨과 자유를 누릴 수 있다. 자기희생은 무거운 부담이 아니라, 그리스도의 사랑에 감동된 자가 걷는 가장 인간다운 길이다. 그리고 그 길

끝에서, 하나님은 친히 말씀하실 것이다. "잘하였도다 착하고 충성된 종아 네가 적은 일에 충성하였으매 내가 많은 것을 네게 맡기리니 네 주인의 즐거움에 참여할지어다"(마태복음 25:21).

제7장.

무엇이 참된 행복인가 - 만족은 어디서 오는가

행복은 인류가 가장 오래도록 추구해 온 열망이다. 인간은 태어나면서부터 본능적으로 '행복한 삶'을 갈망한다. 그러나 행복이 무엇인지에 대한 정의는 시대마다, 사람마다, 문화마다 달랐다. 어떤 이는 부유함을, 어떤 이는 안정된 가족을, 또 다른 이는 자유로운 삶을 행복이라 말한다. 철학자 아리스토텔레스는 '행복'을 인간 존재의 최고 목적이라 보았고, 현대 심리학은 행복을 '주관적 안녕감'이라고 정의한다. 그러나 수많은 이론과 접근에도 불구하고, 우리는 여전히 "나는 왜 이렇게 허전한가?", "나는 정말 행복한가?"라는 물음을 던진다.

오늘날의 사회는 '행복'이라는 이름으로 수많은 가짜 만족을 팔고 있다. 광고는 말한다. "이것만 가지면 행복할 수 있다." "이곳에 가면, 이 음식을 먹으면, 이 차를 타면, 이 삶을 살면… 당신은 행복해질 것이다." 사람들은 그 말에 이끌려 끊임없이 소비하고, 경쟁하고, 새로운 것을 추구하지만, 정작 마음속의 허기는 채워지지 않는다. 더 많은 것을 가졌지만 더 불안해졌고, 더 좋은 것을 누리지만 더 외로워졌다. 결국 행복은 '가지는 것'에서 오지 않는다는 사실이 반복적으로 증명되고 있다.

성경은 행복에 대해 놀랍도록 간결하면서도 분명하게 말한다. 시편 1편

　　　　　　　　　　　　　　　　행복 인문학

은 "복 있는 사람은 악인의 꾀를 따르지 아니하며… 오직 여호와의 율법을 즐거워하여… 복 있는 자로다"라고 선언한다. 여기서 '복 있는 자'는 단지 외적 조건이 좋은 사람을 말하지 않는다. 오히려 하나님의 말씀 안에서 즐거움을 찾고, 그 뜻을 따라 사는 사람을 행복한 자라고 부른다. 이는 행복이 상황의 결과가 아니라 관계의 결과, 곧 하나님과의 올바른 관계에서 오는 내면의 충만함이라는 것을 말해 준다.

기독교 인생관에서 행복은 단순한 기분이나 일시적 만족이 아니다. 그것은 존재의 뿌리가 어디에 심겨 있는가, 삶의 방향이 어디를 향하고 있는가, 그리고 나를 만족시키는 기준이 무엇인가에 따라 결정된다. 예수께서는 팔복에서 "마음이 청결한 자는 복이 있나니, 그들이 하나님을 볼 것이며", "의에 주리고 목마른 자는 복이 있나니, 그들이 배부를 것이라" 말씀하셨다. 세상이 말하는 복과는 전혀 다른 방향이다. 외적인 풍요보다 내면의 방향, 감각의 만족보다 영적 갈망이 진정한 행복의 기준이 된다.

참된 행복은 하나님 안에서의 자족에서 시작된다. 바울은 감옥에서도 "나는 어떤 형편이든지 자족하기를 배웠노라"(빌 4:11)고 고백한다. 자족은 포기나 체념이 아니다. 그것은 하나님께서 내 삶을 주관하시며, 나에게 가장 필요한 것을 알고 채우신다는 믿음에서 비롯된 만족이다. 이러한 자족은 외부 환경과 무관하게 인간을 자유롭게 만들고, 비교와 경쟁에서 해방시킨다. 감사하는 사람만이 행복할 수 있으며, 자족하는 사람만이 충만한 삶을 누릴 수 있다.

또한, 성경은 행복이 개인적인 감정이 아니라 관계적 실천 속에서 자라나는 것임을 강조한다. 혼자만의 행복은 오래가지 않으며, 나눌 때 더 커진다. 고린도후서 9장 7절은 "즐겨 내는 자를 하나님이 사랑하시느니라" 말한다. 진정으로 행복한 사람은 타인을 섬기고, 베풀며, 자신의 것을 나누는 사람이다. 예수께서는 "주는 것이 받는 것보다 복이 있다"(행 20:35)고 가르치셨다. 예수님의 이 말씀은, 재물을 이기적으로 축적하는 데서 행복한 인생이 성취되는 것이 아니라, 오히려 자기의 것을 나누어 주는 삶 속에서 성취된다는 진리의 선포이다.

현대인은 행복을 성공과 동일시하지만, 성경은 하나님과 함께하는 삶, 그 뜻에 순종하는 삶이야말로 참된 형통이고 복된 삶이라고 말한다. 왜냐하면 성공은 상황에 따라 달라질 수 있지만, 행복은 하나님과의 관계 안에서 안정되고 영원한 만족을 주기 때문이다. 세상이 아무리 흔들려도, 하나님 안에 뿌리내린 삶은 흔들리지 않는다. 이것이 바로 하나님과의 관계 속에 사는 자에게 주어지는 참된 복이다.

우리는 이제 다시 물어야 한다. "나는 어디에서 만족을 구하고 있는가?" "내 행복은 누가 결정하고 있는가?" "나는 어떤 삶을 살 때 가장 충만함을 느끼는가?" 그 질문의 대답은 곧 우리의 인생 방향을 결정짓는다. 참된 행복은 단지 나에게 유익한 것을 쫓는 것이 아니라, 하나님께서 기뻐하시는 삶을 살아가는 데서 오는 내면의 평안과 영적 충만함이다. 그 행복은 누구도 빼앗을 수 없으며, 고난 중에도 흔들리지 않고 누릴 수 있는 생명의 기쁨이다.

그러므로 우리는 선택해야 한다. 일시적 기쁨에 만족할 것인가, 아니면 영원한 기쁨을 추구할 것인가. 세상이 주는 쾌락을 쫓을 것인가, 아니면 하나님이 주시는 평안을 추구할 것인가.

참된 행복은 '하나님이 계신 곳에 나도 함께 있는 것'이며, '하나님의 뜻

안에서 내 존재의 의미가 충만하게 채워지는 것'이다. 그 안에서만 인간
은 비로소 완전한 기쁨과 진정한 만족을 누리며 행복한 삶을 성취할 수
있다.

인생의 참된 의미는 진리 안에서 완성된다

인생은 끊임없는 선택의 연속이다. 아침에 눈을 뜨는 순간부터 우리는 '무엇을 할 것인가', '어디로 갈 것인가', '어떻게 말할 것인가'를 선택하며 살아간다. 그리고 그 모든 선택 뒤에는 하나의 더 근본적인 선택이 있다. "나는 누구를 따라 살고 있는가?"라는 물음이다. 우리가 누구의 목소리를 듣고, 누구의 발자취를 좇으며, 누구의 시선을 의식하며 살아가느냐에 따라 우리의 인생은 전혀 다른 방향으로 나아간다.

현대 사회는 자유를 최고의 가치로 여긴다. '내가 내 인생의 주인'이라는 구호는 그럴듯해 보이지만, 실제로 인간은 스스로 길을 정하고, 자신만의 기준으로 올바른 방향을 결정할 만큼 완전하지 않다. 오히려 사람들은 보이지 않는 수많은 영향 아래 살아간다. 유행, 여론, SNS, 언론, 학교 교육, 경제적 이해관계… 인간은 의외로 많은 것을 따르고 있으며, 스스로 주체적이라고 생각하면서도 어느새 '남들이 가는 길'을 따라가고 있는 경우가 많다. 그래서 성경은 말한다. "사람의 길이 자기 보기에는 바르나, 필경은 사망의 길이니라"(잠언 14:12).

성경은 '누구를 따를 것인가'의 문제를 생명의 문제로 연결시킨다. 모세는 이스라엘 백성 앞에서 "내가 오늘 생명과 사망, 복과 저주를 네 앞에 두었으니 너는 생명을 택하라"(신명기 30:19)고 외쳤다. 예수께서도 말씀하셨다. "좁은 문으로 들어가라. 멸망으로 인도하는 문은 크고 그 길이 넓어 그리로 들어가는 자가 많고, 생명으로 인도하는 문은 좁고 길이 협착하여 찾는 이가 적음이라"(마태복음 7:13-14). 이 말씀은 단지 종교적 경고가 아니라, 인생의 진정한 길이 어디 있는지를 신중하게 선택하라는 가르침이다.

진리의 길은 좁지만, 생명의 길이다. 편한 길은 많지만, 그 끝은 허무하거나 파멸이다. '누구를 따를 것인가'라는 질문에 대한 성경적 인생관의 대답은 명확하다. 예수 그리스도를 따르라. 그분은 자신을 '길이요, 진리요, 생명'이라고 선언하셨다(요한복음 14:6). 그분을 따른다는 것은 단지 신념이나 종교 활동에 참여하는 것이 아니라, 삶의 전 방향을 그분께로 향하고, 그분과 함께 살아가는 전인격적 결단을 의미한다. 그리스도를 따른다는 것은 그분의 가르침을 따라 산다는 것이며, 그분이 가신 길—섬김과 사랑, 십자가와 부활의 길—을 따라간다는 결단이다.

이러한 동행의 길은 결코 쉬운 길이 아니다. 세상은 자기중심적인 삶을 추구하지만, 예수께서는 자기를 부인하고 십자가를 지라고 하신다. 세상은 성공과 쾌락을 앞세우지만, 예수께서는 자기희생을 가르치신다. 그러나 역설적으로, 바로 그 길에서 인간은 가장 진정한 자기를 발견하게 된다. 내가 나를 위해 살 때는 끊임없는 불안과 비교에 시달리지만, 하나님을 위해 살 때 비로소 자유와 평안을 누리게 된다. "주를 가까이함이 내게 복이라"(시편 73:28)는 고백은, 오랜 방황 끝에 도달한 영적 통찰이다.

또한 그리스도를 따른다는 것은 혼자의 길이 아니라, 영원한 동행의 길임을 의미한다. 인생은 때로 외롭고 두렵다. 예기치 않은 사건, 실패, 질병, 관계의 상실, 죽음의 그림자 속에서 우리는 누구를 의지해야 하는지 모를 때가 있다. 그러나 예수께서는 우리에게 약속하신다. "볼지어다, 내가 세상 끝날까지 너희와 항상 함께 있으리라"(마태복음 28:20). 그분은 단지 앞서가시는 주님이 아니라, 함께 걸어가시는 친구요, 인도자요, 구원자이시다. 그분은 결코 우리를 버리지 않으며, 우리 인생의 가장 깊은 밤에도 함께 빛이 되어 주신다. 이 동행의 길은 단지 죽을 때 천국에 가기 위한 길이 아니라, 지금 여기서 하나님 나라를 살아 내는 길이다. 나의 말과 행동, 가치관과 태도, 관계와 직업 속에서 하나님의 뜻이 이루어지도록 살아가는 것이다. 내가 걷는 길이 곧 누군가에게는 하나님의 사랑을 보여 주는 통로가 되며, 내가 만나는 사람들에게 하나님의 나라를 증언하는 자리가 된다. 그리스도를 따르는 삶은 세상과 구별되지만, 세상을 위한 삶이다.

이제 우리는 다시 물어야 한다. "나는 지금 누구를 따라 살고 있는가?" "내 삶의 선택은 무엇을 기준으로 이루어지고 있는가?" "나는 좁은 길을 외면한 채 넓은 길을 편안하게 걷고 있지는 않은가?" 그리고 다시 고백하게 된다. "나는 예수 그리스도를 따르겠습니다." 이 고백은 단지 신앙의 시작이 아니라, 인생의 새로운 방향이자 가장 참된 결단이다. 사람의 말보다 하나님의 말씀에 순종하는 것이 마땅하니라(행 5:29)는 베드로의 고백은 사도들만의 결단이 아니라, 오늘을 살아가는 우리 모두가 붙들어야 할 진리의 선언이다. 수많은 정보와 지식의 흐름이 우리를 흔들려 할 때, 우리는 오직 하나님 말씀을 따라가야 한다. 그리스도를 따르는 삶은 외롭지 않으며, 혼란스럽지도 않다. 그 길 끝에는 생명이 있고, 그 길 위에는 하나님이 함께하신다.

　　　　　　　　　　　　　　　　　　　　　　행복 인문학

결국 인생은 '무엇을 이루었는가'보다 '누구를 따라 살았는가'가 본질이다. 세상에서의 성공과 실패, 소유와 업적은 시간이 지나면 모두 사라지지만, 그리스도를 따라 산 삶은 영원히 기억되고, 하나님의 나라 안에서 완성된다. 즉, 진정으로 행복한 인생은 오직 진리이신 예수 그리스도와 동행할 때 완성된다.

내세(來世)관
– 죽음 이후, 나는 어디로 가는가

죽음을 넘어 영원을 사는 삶

사람은 누구나 죽음을 피할 수 없다. 그것이 현실이고, 한계이며, 동시에 인생의 가장 깊은 두려움이다. 아무리 젊고 건강해도, 아무리 지식과 재물을 소유해도, 죽음이라는 경계 앞에서 인간은 무력하다. 그런데도 오늘날 우리는 죽음을 거의 언급하지 않는다. 매스미디어는 젊음과 성공, 쾌락과 성취에 집중하며, 죽음은 여전히 불길하고 불편한 주제로 여겨진다. 장례는 되도록 조용히 치러지고, 병원은 죽음을 가능한 한 가정 밖으로 밀어낸다. 심지어 죽음과 관련된 종교적 언급조차 일상에서 점점 사라지고 있다. 이러한 문화 속에서 인간은 죽음을 사유하지 않은 채, 마치 죽지 않을 사람처럼 살아가고 있다.

플라톤은 죽음을 '영혼이 육체로부터 해방되는 순간'이라고 보았다. 그는 인간의 영혼이 본래 하늘에 속한 존재이며, 지상의 삶은 영혼을 정화하는 과정이라고 가르쳤다. 파스칼은 "인간은 생각하는 갈대"라고 말하며, 죽음 이후에 아무것도 없다는 가정과, 영원한 삶이 있다는 가정 중 어느 쪽이 더 지혜로운 선택인지를 '파스칼의 내기'로 설명하였다. 하이데거는 인간 존재를 '죽음을 향해 존재하는 자'(Sein-zum-Tode)로 규정하며,

오히려 죽음을 직면할 때 비로소 진정한 삶이 시작된다고 강조했다. 이처럼 철학자들은 죽음을 사유하지 않는 삶은 피상적인 삶이며, 죽음을 직면해야 비로소 존재의 의미를 찾을 수 있다고 보았다.

현대 사회는 다양한 내세(來世)관이 혼재된 시대다. 과학주의는 죽음을 단지 생물학적 기능의 정지, 뇌의 활동 정지로 해석하며, 무신론은 죽음 이후에 아무것도 없다고 주장한다. 불교는 업보에 따라 다음 생으로 다시 태어난다고 가르치며, 해탈이라는 목표를 위해 끊임없는 수행을 강조한다. 무속 신앙은 죽음을 조상신이나 귀신의 세계로 연결시키며, 현실의 문제를 해결하기 위한 제사와 굿을 강조한다. 이러한 다양한 관점들이 뒤섞인 한국 사회는 명확한 기준 없이 각자의 감각에 따라 죽음을 해석하고 있으며, 이것은 삶의 방향성까지 모호하게 만든다.

죽음은 단지 인생의 종말이 아니라, 삶의 의미를 비추는 거울이다. 우리는 모두 죽는다는 사실을 알고 있음에도, 그 사실에 진지하게 응답하지 않는다. 죽음을 사유하지 않으면, 삶은 즉흥적이고 감정 중심으로 흐르며, '지금 당장 즐기자'는 삶의 태도로 이어진다. 이는 소비주의, 쾌락주의, 무절제한 경쟁, 책임 회피로 나타난다. 또한 죽음 이후에 대한 진리가 없는 사회는, 인생의 기준도 도덕의 기준도 명확히 제시하지 못하게 된다. 그런 사회에서 윤리는 상대화되고, 진리는 사라진다.

성경은 죽음 이후의 세계에 대해 놀라울 만큼 일관되며 분명하게 말한다. "한 번 죽는 것은 사람에게 정해진 것이요, 그 후에는 심판이 있으리라"(히브리서 9:27)는 말씀처럼, 성경은 죽음을 끝이 아니라 영원한 삶의 시작으로 규정한다. 그리스도 안에서 죽음은 두려움이 아니라 소망의 문이며, 예수 그리스도의 부활은 죽음에 대한 하나님의 해답이다. 그리스도를 믿는 자는 영생을 얻고, 하나님 없이 자기중심으로 살았던 자는 영벌에 이르게 된다는 교리는 성경 전체의 내러티브를 관통한다. 성경적 내세(來世)관은 인간 존재의 가치와 책임을 동시에 부여하며, 삶과 죽음 모두를 하나님의 뜻 안에서 해석하도록 인도한다.

내세(來世)관은 단지 죽은 후를 대비하는 이론이 아니다. 그것은 오늘 내가 어떤 선택을 하고, 어떤 가치로 살아갈지를 결정짓는 실재이다. 영원을 믿는 사람은 자신의 시간, 자원, 재능, 관계를 훨씬 더 조심스럽고 목적 있게 사용한다. 예수께서 '하늘에 보물을 쌓으라'고 하신 말씀은 단지 종교적 수사가 아니라, 삶의 방향을 천국에 두라는 실제적 권면이다. 반면 내세(來世)를 믿지 않는 자는 자신의 쾌락과 이익을 우선순위에 두며, 결국 모든 것을 잃는다. 내세(來世)에 대한 올바른 이해는 인간으로 하여금 절제와 책임, 감사와 소망을 품게 한다.

죽음을 사유하는 자만이 진정으로 살 수 있다. 그리고 그 죽음을 진리 안에서 바라보는 자만이 인생을 바르게 해석할 수 있다. 성경적 내세(來世)관은 인간의 시작과 끝을 모두 하나님의 뜻 안에서 설명하며, 삶의 목적과 죽음의 의미를 통합한다. 죽음을 두려워하는 것이 아니라, 죽음을 준비하는 것이 복된 삶의 시작이다. 그러므로 우리는 죽음을 피하거나 외면하는 것이 아니라, 죽음을 넘어선 영원을 바라보아야 한다. 그 영원한 나라를 소망하며 지금을 살아갈 때, 비로소 인간은 가장 인간답게 살아갈 수 있다. 그것이 바로 이 책의 마지막 주제인 내세(來世)관을 다루는 이유이며, 우리가 이 땅의 삶을 어떻게 살아야 할지를 결정짓는 진리의 마지막 열쇠이다.

제1장

인간은 왜 죽는가 - 죽음의 기원과 실존의 질문

죽음은 모든 인간이 반드시 마주하게 되는 삶의 마지막 현실이지만, 그것을 어떻게 이해하고 받아들이느냐는 각자의 세계관에 따라 다르게 나타난다. 특히 한국 사회는 무속, 도교, 불교, 유교 등 다양한 전통 종교의 영향을 혼합적으로 받아온 탓에 죽음에 대한 인식 역시 일관되지 못하고, 다분히 현세 중심적인 차세관(此世觀)에 머물러 있다. 무속신앙은 죽음을 육체의 소멸이 아니라 귀신의 시작으로 여기며 산 자에게 피해를 끼치는 존재로 간주하고, 이를 달래기 위한 제의에 초점을 둔다. 도교는 불로장생을 추구하며 죽음을 거부하거나 회피하려는 경향이 강하고, 불교는 죽음을 윤회라는 고리의 한 단계로 보고 해탈을 지향한다. 유교는 죽음 이후 혼백이 흩어진다고 보면서도, 조상 숭배와 제사를 통해 일종의 존재 지속을 암시하지만, 도덕적 심판이나 영원한 운명에 대해서는 침묵한다.

이처럼 다양한 종교 전통 속에서 형성된 한국인의 죽음관은 죽음 이후의 심판, 곧 도덕적 책임에 대한 인식을 약화시켰다. 많은 사람들은 삶과 죽음을 분리하고, 죽음을 단지 삶의 끝이나 한순간의 운명으로 여기며 살아간다. 그 결과, 죽음을 진지하게 사유하거나 준비하지 않으며, 윤리적 책임도 현실 법망을 피하는 수준에 머무른다. 그러나 성경은 명확히 말한다. "한 번 죽는 것은 사람에게 정하신 것이요, 그 후에는 심판이 있으리라"(히브리서 9:27). 죽음 이후에는 하나님 앞에서 그 삶 전체가 평가받는 심판이 기다리고 있다는 이 말씀은, 단지 경고가 아니라 인간 존재의 실상을 일깨우는 진리다.

죽음에 대한 성경의 가르침은 죽음을 단지 자연적 과정이나 생물학적 종료로 보지 않는다. 죽음은 하나님의 공의와 사랑이 드러나는 전환점이며, 이 전환은 모든 인간에게 두 가지 방향 중 하나로 이어진다. 하나는 하나님을 떠난 영원한 분리, 즉 둘째 사망으로 나아가는 길이고, 다른 하나는 그리스도를 믿는 자에게 열리는 영생과 낙원의 문으로 들어가는 것이다. 성경적 세계관은 죽음을 "인생의 끝"으로 보지 않는다. 오히려 죽음은 하나님께로 돌아가는 여정이며, 심판을 통해 그 영혼이 구원받는지 혹은 아니면 정죄당하는지 결정되는 중대한 전환점으로 본다.

초대교회 교부 아우구스티누스는 죽음을 "은밀한 쉼터"라 표현하면서, 죽은 자는 그 삶의 결과에 따라 고통이나 안식을 누린다고 했다. 칼빈은 성도의 영혼이 죽음 직후 낙원에 들어가 위로를 받는다고 가르쳤고, 루터는 죽음을 부활의 아침까지의 깊은 잠으로 비유했다. 그러나 예수께서 십자가 위에서 강도에게 "오늘 네가 나와 함께 낙원에 있으리라" 하신 말씀은, 죽음이 곧바로 영혼의 구분과 심판이 시작되는 시점임을 말해 준다. 필자는 죽음에 대하여 루터의 '영혼 수면설'보다는, 하나님의 공의로운 심판이 즉시 개입되는 사건으로 본다.

죽음에 대한 성경적 관점은 이처럼 하나님의 주권 안에서 해석된다. 죄로 인한 결과로서의 죽음은, 예수 그리스도의 십자가 대속으로 인해 그 의미가 이미 생명으로 전환되었다. 이제 죽음은 더 이상 정죄의 도구가 아니라, 의인에게는 하나님의 본향으로 들어가는 관문이 된다. 병들고 약해진 육체로부터 해방되어 하나님께 이르는 길이 되는 것이다. 그러므로 그리스도인은 이 죽음을 단지 두려움이 아닌, 소망의 눈으로 바라볼 수 있어야 한다. 왜냐하면 이 죽음을 통해 우리는 하나님 아버지의 품으로 돌아가기 때문이다.

뿐만 아니라, 죽음은 인생의 연약함과 한계를 인식하게 하며, 인간 존재의 덧없음을 가르쳐 준다. 이 세상의 모든 명예, 재물, 권력은 죽음 앞에서 무기력해진다. 죽음을 사유하는 사람은 결코 교만할 수 없으며, 오히려 겸손하게 자신을 돌아보게 된다. 죽음은 인간이 자기를 돌아보는 마지막 기회이자, 영원을 결정짓는 문턱이다. 심령이 교만한 자에게는 죽음이 전율과 심판의 통로가 되지만, 겸손히 하나님의 긍휼을 의지하는 자에게는 그리스도 안에서 열리는 생명의 문이 된다.

성경은 이렇게 말한다. "나는 길이요 진리요 생명이니 나로 말미암지 않고는 아버지께로 올 자가 없느니라"(요한복음 14:6). 죽음을 준비하는 그리스도인은 예수님을 본받아 "아버지 내 영혼을 아버지 손에 부탁하나이다"라고 고백하거나, 스데반 집사처럼 "주 예수여, 내 영혼을 받으시옵소서"라고 고백하며 죽음을 맞이해야 한다. 또 시편 기자처럼 "주의 장막에 영원히 거하리이다"라고 확신하며 하나님과의 영원한 동행을 바라보아야 한다. 이러한 고백과 확신은 죽음을 두려움으로가 아니라 소망으로 바꾸는 능력이 된다.

죽음을 기억하는 것은 죽음을 두려워하는 것이 아니다. 오히려 죽음을 기억할 때 인간은 겸손해지고, 자신의 삶을 돌아보며 영원을 준비할 수 있다. 성경적 내세(來世)관은 이 땅의 삶을 보다 진지하게, 정직하게, 책임 있게 살아가도록 이끈다. 죽음 이후에 심판이 있다는 믿음이야말로 윤리적 삶의 기초이며, 진리를 따르는 삶의 힘이다. 우리는 언젠가 반드시 하나님 앞에 설 날이 온다는 사실을 기억하며, 지금 이 순간을 하나님 앞에 부끄럽지 않게 살아가야 한다. 그럴 때 죽음은 끝이 아니라, 하나님과 함께 영생복락을 누리는 시작점이 될 것이다.

제2장.

죽음 이후, 부활 전까지 - 영혼의 중간 상태는 무엇인가?

죽음과 부활 사이, 즉 인간의 육체가 죽은 이후 부활의 날까지의 상태에 대한 질문은 내세(來世)에 대한 성경적 관점의 핵심을 이해하는 데 필수적이다. 성경은 인간을 단순한 육체가 아닌, 영혼과 육체의 결합체로 이해하며, 죽음은 이 둘이 분리되는 사건이다. 창세기 2장 7절은 하나님께서 흙으로 사람의 육체를 빚으시고, 그 코에 생기를 불어넣어 사람이 생령이 되었다고 증언한다. 그러므로 죽음은 육체가 흙으로 돌아가는 동시에 영혼이 하나님께 돌아가는 사건이다.

전도서 12장 7절은 죽음을 "흙은 여전히 땅으로 돌아가고, 영은 그것을 주신 하나님께로 돌아가기 전에…"라고 표현한다. 이는 모든 인간의 영혼이 죽음 후 하나님의 손에 속하게 된다는 사실을 보여 준다. 그러나 이 영혼이 하나의 동일한 상태에 머무는 것이 아니라, 믿음의 유무에 따라 구별된 상태로 들어가게 된다.

누가복음 16장에 나오는 부자와 나사로의 비유는 죽은 이후의 영혼의 상태에 대한 중요한 통찰을 제공한다. 부자는 고통 가운데 음부에 있었고, 나사로는 아브라함의 품에서 위로를 받았다. 이는 죽음 직후에 이미 심판적 성격의 분리가 이루어진다는 것을 시사한다. 이 상태는 아직 부활과 최후의 심판 이전이지만, 각 영혼이 임시적으로 안식과 고통 중 하나의 상태에 놓이게 된다는 점에서 중요한 내세(來世)적 실재를 의미한다.

아우구스티누스는 죽은 자의 영혼이 그가 행한 삶의 방식에 따라 하나님의 임재 안에서 안식을 누리거나, 하나님의 진노 아래에서 심판의 부활을 기다린다고 보았다. 칼빈 역시 성도의 영혼은 죽은 즉시 천국에서 그 영광에 이르기 전, 위로와 안식을 누리는 중간 상태에 들어가며, 악인의 영혼은 하나님의 진노 가운데 형벌의 고통을 맛보는 상태로 들어간다고 보았다. 이러한 관점은 부활과 최후의 심판이 있기 전이라 해도 영혼은 결코 무의식이나 휴면 상태에 있지 않다는 것을 보여 준다. 반면에 루터는 죽은 자의 영혼이 일종의 '영혼의 수면'(soul sleep)에 든다고 보았으며, 이는 부활의 날까지 영혼이 의식 없는 평안한 상태에 머문다는 입장이다. 그러나 루터 자신도 이 견해를 일관되게 주장하지 않았고, 실제로는 성도의 죽음 후 즉각적인 하나님의 임재 속에서의 안식을 강조하는 경우가 더 많았다.

결론적으로, 죽음 이후 부활 이전까지의 영혼 상태는 잠시의 공백이나 혼돈의 상태가 아니다. 그것은 하나님의 섭리 아래에 놓인, 목적 있는 기다림의 시간이다. 믿음 안에서 죽은 자는 하나님의 임재 속에서 위로를 받고, 믿음을 거부한 자는 심판을 예비하며 기다리는 자리로 나아간다. 이처럼 중간 상태의 교리는 죽음을 넘어 영원을 준비하는 데 있어 중요한 내세(來世)적 인식을 제공하며, 성도의 신앙과 삶에 깊은 책임과 소망을 동시에 불러일으킨다.

제3장.

부활이란 무엇인가 - 죽음 이후의 새로운 창조

성경적 내세(來世)관의 핵심은 단연코 예수 그리스도의 십자가 죽음과 죽음에서의 부활 사건이다. 만일 그리스도의 부활이 없었다면 기독교는 단지 숭고한 희생의 이야기, 혹은 도덕적 감화를 주는 전설로 그쳤을 것이다. 그러나 성경은 이렇게 선언한다. "그리스도께서 다시 살아나지 않으셨다면, 우리의 믿음도 헛되고 우리는 여전히 죄 가운데 있을 것이다"(고린도전서 15:17). 부활은 단지 믿음의 일부가 아니라, 기독교 신앙 전체의 토대를 이루는 중심 기둥이며, 죽음을 넘어서는 희망의 가장 확실한 근거다.

예수 그리스도의 부활은 단지 제자들의 내면적 신념이나 종교적 상징이 아니라, 실제로 역사 안에서 발생한 사건이다. 성경은 그리스도의 부활을 다양한 목격자들의 증언을 통해 구체적으로 증언하고 있으며, 초대교회는 이 부활의 진실을 증거하기 위해 박해와 죽음까지 감내했다. 부활은 단지 예수 한 사람의 초월적 사건이 아니라, 그를 믿는 모든 이들이 장차 누릴 인격적, 육체적 부활의 선취로 믿고 있다. 신약성경은 예수의 부활을 "잠자는 자들의 첫 열매"(고린도전서 15:20)라고 부르며, 그분을 믿는 자들 또한 같은 방식으로 다시 살아날 것을 확증한다.

부활은 영혼만이 아니라 육체까지 포함하는 전인격적 생명의 회복이다. 이는 단지 내면의 위로를 넘어서 하나님의 창조 질서의 완성과 관련된 사건이다. 성경은 인간 존재를 영혼과 육체의 결합으로 보며, 창조된 인간의 본래 상태를 온전히 회복하는 하나님의 구속 사역의 마지막 단계로 이해한다. 아우구스티누스는 부활 후의 몸에 대해 "그 몸은 완전하고 조화로우며 적합할 것이다"라고 말하며, 태어나기도 전에 죽은 아이, 장애를 안고 죽은 이들도 하나님의 정의 안에서 완전한 모습으로 부활할 것이라고 보았다. 그는 부활이 단순한 원상복구가 아니라, 하나님의 정의와 영광 안에서 새롭게 빚어진 '새로운 피조물'로의 창조라고 설명했다.

장 칼뱅은 이 부활이 단지 육체의 회복이 아니라, 구속받은 영혼이 하나님과의 연합 속에서 누리는 영광의 상태라고 보았다. 부활의 몸은 썩지 않고 병들지 않으며, 죽음을 초월한 존재로 변화될 것이며, 이는 예수 그리스도의 부활하신 몸이 보여 준 완전성과 영광을 그대로 반영한다고 하였다. 그는 또 부활의 몸이 이 세상의 물리적 법칙과는 다른 차원의 실재임을 강조하면서도, 그것이 실제로 존재하는 '몸'임을 분명히 한다.

마르틴 루터는 부활을 인간의 시간 경험과 전혀 다른 차원에서 일어나는 사건으로 보았다. 죽은 자는 깊은 잠에 든 것처럼 시간의 흐름을 인식하지 못하고 있다가, 종말의 나팔 소리에 한순간에 일어나게 될 것이라고 했다. 루터는 "영혼이 깨어 있을 때, 그것은 마치 잠든 자가 깨어나는 것처럼 시간의 흐름을 전혀 느끼지 못할 것"이라 하며, 부활은 한 점에 수렴된 영원 속에서 일어나는 사건이라고 이해했다. 이 개념은 인간의 인식과 하나님의 섭리 사이의 간극을 보여 주는 중요한 신학적 통찰이다.

오늘날 많은 사람들은 부활이라는 개념에 대해 회의적이다. 영혼불멸은 받아들이면서도 육체의 부활은 상징적인 표현이나 종교적 은유로 받아들이려 한다. 그러나 성경은 분명히 말한다. "죽은 자의 부활도 그와 같으니 썩을 것으로 심고 썩지 아니할 것으로 다시 살아나며, 욕된 것으로 심고 영광스러운 것으로 다시 살아나며…"(고린도전서 15:42-43). 이 말씀은 부활이 단지 개인의 영혼 구원에 그치는 것이 아니라, 창조 세계 전체의 회복, 곧 새로운 창조(New Creation)를 내포하고 있음을 보여 준다. 구속은 단지 개인의 문제가 아니라, 전 우주적 사건이며, 부활은 그 절정을 이룬다.

자연 과학적으로 설명할 수 없는 상황, 즉 화장된 유골, 사고로 흩어진 신체, 수장된 뼈조차도 하나님의 전능하신 창조 능력 앞에서는 아무 문제가 되지 않는다. 아우구스티누스는 "하나님은 잊지 않으신다. 흩어진 모든 원소들을 기억하시며, 조화롭게 다시 모으신다"고 하였다. 칼빈 역시 "하나님의 능력은 인간의 한계를 초월하며, 그분께서 원하시면 흙에서, 재에서, 물속에서라도 부활을 일으키신다"고 확신했다. 부활은 물리적 가능성의 문제가 아니라, 하나님의 신적 주권과 창조 능력의 문제다.

그렇다면 악인의 부활은 어떻게 이해해야 할까? 아우구스티누스는 악인의 부활에 대해 너무 깊이 사유하지 말 것을 권면한다. 그는 그들의 부활은 영광이 아니라 형벌을 위한 부활이며, 우리가 그 구체적 형상에 대해 추측하거나 설명하려는 시도는 신앙의 유익보다는 논쟁을 낳는다고 경고한다. 필자 또한 이에 동의하며, 악인의 부활을 하나님 공의의 실현이라는 관점에서 받아들이는 것이 더 합당하다고 본다. 하나님의 심판은 언제나 공의롭고, 그 결과 또한 정의로우며, 우리는 그것을 경외함으로 받아들여야 한다.

기독교적 부활은 인간 존재의 회복을 넘어서, 하나님의 나라를 실현하는 결정적 사건이다. 부활은 단지 위로가 아니라 승리이며, 단지 희망이 아니라 확신이다. 그리스도의 부활은 이미 이루어진 사실이며, 우리의 부활은 이미 그 안에서 예정되어 있다. 부활은 먼 미래의 신화가 아니라, 오늘을 지탱하는 믿음의 근거이며, 죽음 이후를 넘어서 지금의 삶까지 변화시키는 능력이다. "나는 부활이요 생명이니 나를 믿는 자는 죽어도 살겠고, 살아서 믿는 자는 영원히 죽지 아니하리라"(요한복음 11:25-26).

이 약속 안에서 우리는 부활을 믿는다. 죽음을 넘어서는 생명, 썩을 것을 이기는 영광, 슬픔을 삼켜 버리는 기쁨이 그리스도 안에서 보증되었다. 그러므로 우리는 죽음을 두려워하지 않는다. 부활의 소망이 우리 안에 살아 있으며, 그 소망은 우리로 하여금 오늘을 믿음으로 살게 하고, 내일을 소망으로 바라보게 한다. 이것이 성경적 내세(來世)관이 말하는 부활의 진리이며, 그 부활 안에서 우리는 영원한 삶의 문을 이미 열고 있는 것이다.

제4장.

심판은 실재하는가 - 죄, 책임, 그리고 하나님의 공의

심판은 성경 전체를 관통하는 하나님의 나라의 핵심 주제 중 하나로, 하나님의 정의가 완전히 실현되는 순간이다. 성경은 인간의 역사가 무의미한 반복이나 우연한 종말로 끝나는 것이 아니라, 하나님의 심판이라는 절대적 결말을 향해 나아간다고 선포한다. 히브리서 9장 27절은 "한 번 죽는 것은 사람에게 정하신 것이요 그 후에는 심판이 있으리라"고 선언하며, 죽음 이후에 반드시 따라오는 하나님의 심판을 기정사실로 규정한다. 따라서 성경적 내세(來世)관은 죽음 이후의 '심판' 없이는 온전히 설명될 수 없다.

아우구스티누스는 『하나님의 도성』에서 하나님의 심판을 "역사의 궁극적 정의 실현"이라 설명하면서, 이 심판이 없이는 선인의 보상도, 악인의 형벌도 정당화될 수 없다고 보았다. 그는 인간의 자유의지를 존중하신 하나님께서, 그 자유에 따르는 책임 또한 물으신다는 점에서 심판은 반드시 있어야 한다고 강조하였다. 칼빈 역시 인간의 삶은 하나님의 영광을 드러내기 위한 무대이며, 그 끝에는 모든 행위에 대한 하나님의 공정한 평가가 기다리고 있다고 하였다. 루터는 심판을 위로의 날이라 불렀다. 그는 이 날을 통해 억울한 자는 해방되고, 죄인은 책망받으며, 의인은 칭찬받는다고 믿었다.

기독교적 심판은 단지 외적인 행위에 대한 판단이 아니라, 인간의 내면, 곧 마음의 중심까지 드러나는 심판이다. 예수께서는 마태복음 12장에서 "사람이 무슨 말을 하든지 심판 날에 이에 대하여 신문을 받으리니"(마태복음 12:36)라고 하셨다. 이는 하나님의 심판이 전지전능하신 분의 통찰 아래 이루어진다는 것을 보여 준다. 인간이 숨긴 죄, 감추어진 동기까지도 하나님의 심판 앞에서는 모두 드러난다.

심판은 두 가지 형태로 나타난다. 첫째는 개인 심판이다. 이는 각 개인이 죽은 후 곧바로 하나님 앞에 서게 되는 심판이다. 누가복음 16장에 나오는 부자와 나사로의 비유는, 죽음 이후 영혼이 낙원과 음부로 즉시 나뉘어 심판을 받는다는 점을 상징적으로 보여 준다. 둘째는 최후의 심판이다. 역사의 마지막 날에 모든 죽은 자들이 부활하여 하나님의 보좌 앞에 서게 되는 이 심판은 요한계시록 20장 12절에서 묘사된다. "죽은 자들이 자기 행위를 따라 책들에 기록된 대로 심판을 받으니"라는 말씀은 그 심판의 보편성과 객관성을 강조한다.

오늘날 현대인들은 이 심판을 신화적 사고로 치부하거나, 종교적 상징으로만 이해한다. 한국 사회는 특히 '죽음 이후 아무것도 없다'는 허무주의나, '모든 영혼은 결국 좋은 곳에 간다'는 막연한 낙관주의에 젖어 있다. 이로 인해 죄에 대한 책임감과 도덕적 긴장감이 점점 사라지고 있으며, 도덕과 윤리의 기준도 희미해지고 있다. 심판 없는 세계관은 도덕적 기준을 약화시키며, 인간의 내면에 경외심보다는 자기 합리화를 강화하게 만든다. 이는 단지 개인 윤리의 붕괴뿐 아니라, 사회 전체의 정의 구조에도 치명적인 결과를 초래할 수 있다. 심판은 궁극적으로 인간의 윤리적 자율성에 제한을 가하며, 참된 자유는 하나님 앞에서 책임을 지는 자유임을 일깨운다.

죽음을 인정하는 인간은 반드시 심판의 문제를 직면해야 한다. 그러나 유교의 제사 문화, 불교의 업보(業報)와 윤회사상, 무속적 귀신 신앙이 복합적으로 작용하면서 '심판 없는 죽음'이나 '모호한 내세(來世)'에 대한 관념을 형성해 왔다. 이는 결국 죄와 벌, 책임과 결과의 연결고리를 약화시키고, 사회 전반에 도덕적 해이를 낳는다. 기독교는 이와 달리 인간의 전 생애가 하나님의 주권 아래 있고, 모든 행위는 책임을 지며, 그 책임은 하나님의 공의로운 기준에 따라 심판받는다는 명확한 관점을 제시한다.

성경은 창세기부터 요한계시록까지 끊임없이 심판을 선포한다. 노아의 홍수, 소돔과 고모라의 멸망, 바벨론의 심판, 그리고 예수께서 말씀하신 마지막 날의 양과 염소의 비유에 이르기까지, 하나님의 심판은 반복적으로 언급된다. 아우구스티누스는 "모든 인류는 한 명도 예외 없이 하나님의 심판대 앞에 서야 한다"고 했고, 칼빈은 "심판은 하나님의 통치가 온전히 드러나는 최종 무대"라고 보았다. 루터는 "믿음으로 의롭게 된 자는 심판을 두려워하지 않지만, 믿음 없는 자는 그날이 두려움의 날이 될 것"이라 말했다.

심판은 단지 외적인 형벌의 선고가 아니라, 하나님의 내면을 드러내는 시간이다. 하나님의 거룩함과 공의, 그분의 긍휼이 완전하게 증명되는 순간이다. 그리스도 안에 있는 자는 이 심판 앞에서 오직 은혜로 살아남는다. 요한복음 5장 24절은 "내 말을 듣고 또 나 보내신 이를 믿는 자는 영생을 얻었고 심판에 이르지 아니하나니"라고 하며, 그리스도의 십자가가 바로 그 심판을 대신 감당하신 사건임을 드러낸다.

그리스도를 믿지 않는 자는 영원한 생명에서 끊어지고, 자신의 행위대로 정죄를 받게 된다. 요한계시록 20장 12절은 "죽은 자들이 자기 행위를 따라 책들에 기록된 대로 심판을 받더라"고 말한다. 믿음을 거절한 자는 하나님의 완전한 기준에 따라 변호인 없이 심판을 받는다. 이 심판은 정죄로 끝나는 것이 아니라, 하나님의 거룩한 질서가 온전히 회복되는 선언이며, 새로운 창조를 위한 단죄의 순간이다. 또한 이 심판은 인간의 정의 실현과는 비교할 수 없는 하나님의 공의가 선포되는 자리이며, 창조주 앞에 모든 피조물이 무릎 꿇는 순간이기도 하다.

심판은 무섭고 두려운 개념이기도 하지만, 동시에 이 세상에 진정한 위로와 소망을 주는 교리이기도 하다. 인간의 법정이 다 담아내지 못하는 억울함과 침묵 속의 정의는 하나님의 심판대 앞에서 모두 드러나고 보상받는다. 억울한 죽음, 은폐된 학살, 역사 속의 부정과 잔학함, 개인의 고통과 외침… 이 모든 것이 하나님의 심판 앞에서는 숨겨질 수 없다. 그러므로 심판은 약자를 위한 최후의 정의이며, 모든 눈물을 닦아 주는 하나님의 공의의 표현이다.

하나님의 심판은 인간의 판단이 아니라 하나님의 절대 기준에 따라 이루어진다. 로마서 2장 6절은 "하나님께서 각 사람에게 그 행한 대로 보응하시되"라고 하며, 인간의 중심과 은밀한 동기까지 꿰뚫는 하나님의 판단을 선포한다. "우리가 다 하나님의 심판대 앞에 서리라"(로마서 14:10)는 말씀처럼, 심판은 모든 인류에게 적용되는 보편적 사건이다.

결론적으로, 심판은 단지 죄인을 정죄하기 위한 것이 아니다. 그것은 하나님의 영광과 공의, 거룩하신 뜻이 완전히 이루어지는 사건이며, 믿는 자에게는 "잘하였도다 착하고 충성된 종아"(마태복음 25:21)의 음성을 듣는 영광의 날이다. 심판은 존재한다. 그리고 반드시 다가온다. 우리는 지금, 하나님의 심판을 준비하며 살아가는 시간 속에 있다.

제5장.

천국은 존재하는가 - 그리고 그 안에서 영생은 가능한가?

천국은 기독교 신앙의 궁극적 소망이며, 하나님과의 영원한 연합이 완성되는 실제적 공간이다. 성경은 천국이 단지 인간의 상상 속 이상향이 아니라, 하나님께서 친히 예비하신 실체적 장소임을 분명히 증언한다. 요한복음 14장 2절에서 예수께서는 "내 아버지 집에 거할 곳이 많도다"라고 말씀하셨으며, 이는 믿는 자들을 위한 실제 거처가 준비되어 있음을 뜻한다. 또한 계시록 21장과 22장은 천국을 "새 하늘과 새 땅"으로 묘사하며, "하나님의 장막이 사람들과 함께 있다"는 선언을 통해 천국이 하나님의 임재가 완전하게 실현되는 장소임을 보여 준다.

천국은 인간의 상상을 초월하는 영광의 세계이다. 사도 바울은 고린도전서 2장 9절에서 "하나님을 사랑하는 자들을 위하여 예비하신 모든 것은 눈으로 보지 못하고, 귀로 듣지 못하고, 사람의 마음으로 생각하지도 못하였다"고 증언한다. 이는 천국이 이 세상 그 어떤 경험으로도 완전히 이해할 수 없는, 하나님의 전적인 은혜로 주어진 영광의 세계임을 보여 준다.

아우구스티누스는 『하나님의 도성』에서 천국을 "영원한 하나님의 사랑과 진리 안에서 안식하는 자들의 공동체"라고 하였고, 칼빈은 『기독교강요』에서 "하나님의 임재가 완전하게 실현되는 장소가 천국"이라고 강조했다. 루터 또한 천국을 부활 신앙과 연결 지으며, 그리스도인이 죽은 후 하나님의 품 안에 안식하고, 최후의 날 부활하여 완성된 천국 공동체에 참여하게 된다고 보았다.

천국은 또한 회복된 창조 질서의 완성이다. 창세기의 에덴동산에서 인간은 하나님과 교제하며 살았으나, 죄로 인해 그 관계가 단절되었다. 그러나 계시록 22장은 생명수 강이 흐르고, 생명나무가 열두 가지 열매를 맺는 새 예루살렘의 모습을 통해 이 창조의 목적이 천국에서 완전히 회복된다는 사실을 보여 준다. 이는 단순한 회귀가 아니라, 완성된 하나님의 나라로의 도달이다.

천국은 죄와 고통, 죽음이 없는 세계이다. 계시록 21장 4절은 "다시는 사망이 없고, 애통하는 것이나 곡하는 것이나 아픈 것이 다시 있지 아니하리니"라고 말한다. 이는 천국이 단지 고통 없는 공간을 넘어, 죄의 영향력 자체가 제거된 거룩한 장소임을 뜻한다. 이곳에서는 하나님과의 교제가 완전히 회복되며, 성도들은 하나님의 얼굴을 뵙고 그분의 이름을 이마에 새기게 된다(요한계시록 22:4).

그러나 오늘날 많은 사람들은 천국을 막연한 '좋은 곳' 정도로 생각하거나, 종교적 상징으로만 여긴다. 한국 사회 역시 천국을 회피하거나 미화된 개념으로만 받아들이는 경향이 있다. 조상제사 중심의 내세(來世)관, 죽음에 대한 공포, 종교적 혼합주의가 뒤섞인 문화 속에서 천국은 흔히 '편히 쉬는 곳' 혹은 '좋은 기운의 세계'로 축소되어 이해된다.

성경은 분명히 말한다. 예수 그리스도를 믿는 자는 멸망하지 않고 영생을 얻는다(요한복음 3:16). 천국은 모두가 가는 곳이 아니다. 하나님의 은혜를 믿음으로 받아들이고, 성령 안에서 거룩하게 살아가는 자만이 들어갈 수 있는 은혜의 나라이다. 마태복음 7장 21절은 "하늘에 계신 내 아버지의 뜻대로 행하는 자라야 천국에 들어가리라"고 하며, 믿음과 삶의 일치를 강조한다.

천국의 실재는 두 가지 실존적 책임을 신자에게 요구한다. 첫째, 현재를 천국의 시민답게 살아가야 한다. 빌립보서 3장 20절에서 사도 바울은 "우리의 시민권은 하늘에 있다"고 선언한다. 이는 이 땅에서의 삶이 잠시일 뿐, 영원한 본향을 향한 순례의 길이라는 인식을 요청한다. 둘째, 천국 복음을 전파해야 한다. 천국은 삶으로 준비되어야 하며, 우리는 자신의 구원뿐 아니라 다른 이들의 구원을 위해 그 나라를 선포해야 한다.

'영생'이라는 개념은 단지 오래 사는 것을 의미하지 않는다. 성경에서 말하는 영생은 단순한 시간의 연장이 아니라, 하나님과의 영원한 관계 안에서 누리는 질적으로 완전한 삶이다. 요한복음 17장 3절에서 예수께서는 "영생은 곧 유일하신 참 하나님과 그의 보내신 자 예수 그리스도를 아는 것"이라고 하셨다. 즉, 영생은 하나님을 인격적으로 아는 삶의 상태이며, 그 안에서 참된 기쁨과 평안을 누리는 존재 방식이다.

영생은 창조 이전부터 하나님의 뜻 안에 있었고, 인간이 죄로 인해 죽음을 얻게 되었을 때 하나님은 다시금 그 영생을 회복시키기 위해 구원의 길을 여셨다. 예수 그리스도의 십자가는 바로 이 영생을 회복시키는 하나님의 결정적 사건이었다. 바울은 로마서 6장 23절에서 "죄의 삯은 사망이요, 하나님의 은사는 그리스도 예수 우리 주 안에 있는 영생이니라"고 선포한다. 즉, 영생은 인간이 획득하거나 자격을 갖춰 얻게 되는 것이 아니라, 오직 하나님의 은혜로 주어지는 선물이다.

이레니우스는 『이단 논박』에서 "영생은 하나님을 닮아 가는 삶이며, 성령 안에서 하나님과의 친밀한 교제를 지속함으로 얻는 것이다"라고 했다. 그는 단순히 죽은 후의 상태로서의 영생이 아니라, 이미 이 땅에서부터 시작되는 영적 삶으로서의 영생을 강조했다. 아우구스티누스 역시 "하나님의 안식 안에 머무는 영혼이 진정한 생명을 얻는다"고 하며, 시간과 공간을 초월한 하나님과의 연합을 통해 영생이 이루어진다고 하였다. 칼빈은 『기독교 강요』에서 "영생은 믿음의 정점이며, 신자의 희망의 최종 목표로서 하나님과 영원히 거하는 것이다"라고 하였다.

그렇다면 오늘날의 한국 사회는 '영생'을 어떻게 인식하고 있을까? 안타깝게도 많은 사람들은 '영생'을 막연한 종교적 상상이나 이상적 소원 정도로 여긴다. 불교의 윤회 개념이나 무속적 내세(來世)관 속에서 '또 다른 생'이나 '귀신의 삶'으로 왜곡된 개념들이 퍼져 있다. '잘 죽고 좋은 곳에 가자'는 표현은 흔하지만, 그것이 무엇을 의미하는지는 대부분 명확하지 않다. 특히 조상 숭배나 무속 신앙에서는 '영생'이 아니라 '망령됨'과 '혼백'이 중요한 요소로 여겨지기에, 성경이 말하는 생명의 충만함과는 동떨어진 세계관이 지배적이다.

이러한 왜곡된 내세(來世)관은 오늘의 삶에 있어서도 왜곡된 동기를 형성한다. '죽음은 끝이 아니다'라는 생각은 퍼져 있으나, 그것이 복음적 의미로 연결되지 않으면 오히려 사람들을 잘못된 종교 행위나 두려움에 사로잡히게 만든다. 그 결과, 영생은 실제적이고 구체적인 삶의 목표가 아니라, 막연한 위로로만 소비되며, 영원한 생명의 기쁨과 능력은 신자의 삶 속에서 빛을 잃게 된다.

그러나 성경이 말하는 영생은 '현재의 삶과 철저히 단절된 미래'가 아니라, 오늘 이 순간부터 시작되는 생명의 삶이다. 요한일서 5장 11-12절은

"하나님이 우리에게 영생을 주신 것과 이 생명이 그의 아들 안에 있는 그것이라"고 말한다. 예수 그리스도를 믿는 자는 지금 이 순간부터 영생의 삶을 시작한 것이며, 그 영생은 죽음 이후에도 중단되지 않고 영원히 이어진다. 이러한 신앙의 실재는 삶의 방식에 근본적인 변화를 가져오게 한다.

루터는 "영생은 단지 '오래 사는 것'이 아니라 '무엇을 위해 사는가'에 대한 대답"이라 했으며, 믿음으로 사는 자는 죽음을 두려워하지 않는다고 했다. 그는 죽음을 '육신의 껍질을 벗고 영광으로 들어가는 문'으로 보며, 영생의 삶은 이 땅에서의 소명과 책임을 더욱 분명하게 만든다고 강조했다. 이 세상에서 영생을 소망하며 살아가는 사람은 현재의 고난과 불확실성 속에서도 희망을 잃지 않으며, 자신의 삶을 하나님의 뜻에 맞게 드리려는 태도로 살아간다.

따라서 영생을 믿는다는 것은 도피적 종교심을 갖는 것이 아니라, 이 땅에서 하나님과의 동행 속에 성실하고 거룩한 삶을 사는 것을 포함한다. 이는 단순히 천국을 바라보며 기다리는 삶이 아니라, 그 나라의 법을 이 땅에서도 실천하며 살아가는 삶이다. 그리스도인은 영생을 믿기에 오늘을 바르게 살아야 하며, 자신의 삶을 통해 다른 이들이 영생의 복음을 접할 수 있도록 해야 한다. 영생을 살아가는 삶이란, 하나님의 생명에 참여한 자로서, 세상의 가치관과는 다른 방식으로 사는 것이며, 선한 일에 힘쓰고, 사랑을 실천하며, 끝까지 믿음을 지키는 삶이다.

결국 "영생은 가능한가?"라는 질문은 "나는 하나님과 올바른 관계 속에 있는가?", "나는 예수 그리스도를 믿고 있는가?"라는 질문으로 귀결된다. 영생은 누구에게나 주어지는 운명이 아니라, 그리스도의 복음을 듣고 믿음으로 응답한 자들에게만 주어지는 은혜의 선물이다. 그러므로 우리는

행복 인문학

이 질문을 진지하게 받아들이고, 자신의 믿음과 삶을 날마다 돌아보며 영생의 길을 끝까지 걸어가야 한다. 영생은 미래의 소망일 뿐 아니라, 오늘의 생명을 새롭게 하는 현재적 능력이다. 영생을 믿는다는 것은 오늘의 삶을 하나님 앞에서 의미 있게 살아간다는 신앙의 고백이다.

제6장

지옥은 실재하는가 - 그리고 그것은 왜 심판이 되는가?

지옥은 성경이 가장 강력하게 경고하는 죽음 이후의 실재하는 심판의 자리 중 하나이다. 많은 사람들은 지옥을 고대 종교의 신화나 단순한 비유로 여길 수 있지만, 성경은 지옥을 죄인들이 영원한 형벌을 받는 실존의 장소로 분명히 증언한다. 예수께서도 공생애 동안 지옥(게헨나)에 대해 자주 말씀하셨으며, 그것은 단순한 상징이 아니라 하나님의 공의가 실제로 실현되는 실재의 영역임을 강조하셨다. 마태복음 10장 28절에서 예수는 "몸은 죽여도 영혼은 능히 죽이지 못하는 자들을 두려워하지 말고, 오직 몸과 영혼을 능히 지옥에 멸하실 수 있는 이를 두려워하라"고 말씀하셨다. 이 말씀은 지옥이 단지 개념이나 상징이 아니라, 하나님의 공의와 심판이 확실히 집행되는 실재하는 존재 차원의 장소임을 명확히 보여준다.

성경에 따르면 지옥은 "꺼지지 않는 불"(마가복음 9:43), "영원한 멸망의 형벌"(데살로니가후서 1:9), "슬피 울며 이를 갊이 있는 곳"(마태복음 13:50)으로 묘사된다. 이는 단지 물리적 고통을 의미하는 것이 아니라, 하나님의 임재로부터 완전히 분리된 존재의 고통, 즉 영적 고립과 절망을 동반한 궁극적 파멸을 뜻한다. 이 형벌은 일시적인 것이 아니라 "영원한"

것이다(요한계시록 20:10).

조나단 에드워즈는 "지옥은 하나님의 진노와 공의가 무한히 쏟아지는 장소이며, 죄인이 그 진노를 피할 마지막 기회를 잃어버린 장소"라고 하였고, 칼빈은 "지옥의 형벌은 하나님의 거룩함을 거스른 죄에 대한 필연적 결과"라며 죄에 대한 형벌이 무한한 이유는 하나님의 영광이 무한하기 때문이라고 보았다. 루터는 "지옥은 하나님의 공의의 무게가 가장 분명히 드러나는 장소"라고 강조하였다.

그러나 오늘날 한국 사회에서 지옥은 거의 언급되지 않는다. 종교다원주의와 상대주의가 팽배한 사회에서는 죄에 대한 심판, 악에 대한 보응이라는 개념이 불편하게 느껴지며, "하나님이 정말 사랑의 하나님이라면 어떻게 사람을 지옥에 보내실 수 있는가?"라는 질문이 자주 제기된다. 또한 불교의 윤회관이나 유교의 조상숭배 사상에 익숙한 이들은 사후 심판보다 "좋은 곳에 가라"는 막연한 표현으로 죽음을 애도하며, 내세(來世)를 현실과 단절된 허상으로 여긴다.

하지만 성경은 분명히 선언한다. "믿지 아니하는 자는 하나님의 진노가 그 위에 머물러 있느니라"(요한복음 3:36). 지옥은 단지 악인만을 위한 곳이 아니라, 회개하지 않고 복음을 거부하는 모든 죄인을 위한 심판의 장소다. 지옥은 하나님의 공의가 실현되는 곳이며, 그리스도의 구속 없이는 누구도 피할 수 없는 필연적 결과다.

지옥의 실재는 두 가지 실존적 책임을 일깨운다. 첫째는 회개이다. 자신의 죄를 자각하고, 예수 그리스도의 십자가 앞에 나아가야 한다. 지옥은 하나님의 경고이자 인간에게 주어진 마지막 기회의 문이 닫힐 수 있음을 알리는 경종이다. 둘째는 전도이다. 그리스도인은 지옥의 실재를 믿기에, 사랑하는 가족과 이웃이 그 길로 가지 않도록 복음을 전하고 가르쳐야 할 책임이 있다.

지옥은 하나님과의 단절이 영원히 고착된 상태이다. 하나님은 생명의 근원이시며, 모든 은혜와 사랑, 진리와 기쁨이 그분으로부터 흘러나온다. 하나님과의 단절은 곧 생명, 평안, 희망, 공동체의 완전한 상실이다. 성경은 지옥을 "바깥 어두운 데"(마태복음 22:13), "울며 이를 갊이 있는 곳"(마태복음 8:12), "고통의 연기가 세세토록 올라가는 곳"(요한계시록 14:11)이라고 묘사하며, 하나님 없이 살아간 인간의 최종 결과로서 지옥의 실재를 증언한다.

지옥이 존재해야만 하는 이유는 하나님의 공의 때문이다. 하나님은 죄를 결코 묵과하지 않으시며, 하나님의 사랑은 반드시 정의를 수반한다. 이 세상에서 회개하지 않고 번영하는 자들이 있다 해도, 하나님의 마지막 심판대 앞에서는 모든 것이 드러나고 갚아지게 된다. 지옥은 하나님의 정의가 악을 향해 완전하게 선포되는 사건이며, 감정적 보복이 아니라 거룩하신 하나님의 성품에 기반한 필연적 심판이다.

동시에 지옥은 인간 스스로가 선택한 결과이기도 하다. 하나님은 아무도 멸망에 이르기를 원하지 않으시며, 모두가 구원에 이르기를 원하신다(벧후 3:9). 그러나 진리를 거절하고 자기 욕망을 따라 살아가는 사람은 결국 하나님 없는 삶을 스스로 택하게 되며, 그 선택이 확정된 장소가 바로 지옥이다. 지옥은 하나님이 억지로 보내시는 곳이 아니라, 하나님 없는 삶을 스스로 선택한 자에게 허락된 최종적 결과다.

이러한 지옥의 실재는 복음을 더욱 간절하게 전하게 만든다. 복음은 삶을 따뜻하게 만드는 심리적 위안이 아니라, 지옥에서 멸망할 인간을 구출

행복 인문학

하기 위한 하나님의 전능한 구원 계획이다. 그리스도의 십자가는 지옥을 무력화한 사건이며, 그 보혈을 믿는 자만이 그 심판을 피하고 영원한 생명을 얻게 된다. 그러므로 우리는 질문해야 한다. "나는 지옥을 믿고 있는가?", "나는 그 심판 앞에 준비되어 있는가?", "내 사랑하는 이들은 어디로 가고 있는가?"

지옥의 실재를 진심으로 믿는 자만이 복음을 진심으로 전할 수 있다. 지옥을 믿는 자는 죄를 가볍게 여기지 않으며, 구원의 은혜를 더욱 깊이 붙든다. 지옥은 하나님 없는 삶의 최종 결과이며, 복음은 그 지옥에서 우리를 건지시는 하나님의 전적인 은혜다. 이 은혜를 받은 자는 결코 안일하게 살아갈 수 없다. 우리는 지금도 지옥의 문 앞에 서 있는 영혼들을 향해 생명의 복음을 들고 나아가야 한다.

제7장.
내세(來世)는 이 땅의 삶과 어떻게 연결되는가?

죽음 이후의 세계는 많은 사람들에게 막연한 두려움과 불확실함의 영역이다. 그러나 기독교 신앙은 내세(來世)를 단지 미래에 일어날 사건으로만 보지 않는다. 오히려 이 땅의 삶과 긴밀하게 연결된 실제로서, 현재를 살아가는 인간의 태도와 선택이 곧 내세(來世)의 결과를 결정짓는다고 선언한다. 즉, 내세(來世)는 '그날에 일어날 일'이 아니라 '오늘 여기서 준비해야 할 실재'다.

성경은 이 땅의 삶이 영원한 생명 혹은 영원한 형벌로 이어지는 문턱임을 반복해서 가르친다. 히브리서 9장 27절은 "한 번 죽는 것은 사람에게 정해진 것이요, 그 후에는 심판이 있으리니"라고 명시한다. 이는 죽음이 끝이 아니라, 그 이후에 따라오는 영원한 결과가 있다는 것을 말해 준다. 내세(來世)는 그 어떤 사람도 피할 수 없는, 현재 삶의 연장선이자 궁극적 완성이다.

초대교부 이그나티우스는 "우리는 현재의 삶 속에서 영원을 준비해야 하며, 현재를 어떻게 사느냐에 따라 영원한 생명의 형태가 결정된다"고 강조했다. 아우구스티누스 역시 『하나님의 도성』에서 인간의 역사와 시간 속 삶이 곧 영원한 도성에 속할 것인지, 아니면 멸망의 도성에 속할 것인지를 결정짓는 여정이라 하였다. 이 땅에서 행한 모든 말과 행동, 그리고 선택의 누적이 곧 내세(來世)의 현실로 나타난다는 점에서, 현재의 삶은 잠시의 시간이 아니라 영원을 결정짓는 소중한 시기다.

내세(來世)에 대한 성경적 이해는 인간의 삶을 책임 있게 만든다. 오늘의 삶은 단지 생존의 연속이 아니라, 하나님의 형상대로 지음 받은 존재로서, 하나님의 부르심과 뜻에 따라 사는 신적 목적의 실현이어야 한다. 이는 내세(來世)를 기대하며 살아가는 사람만이 현재의 고난과 유혹을 이기며 거룩하고 정직하게 살 수 있는 이유이기도 하다. 또한 이 소망은 그리스도인의 윤리와 가치관에 실질적인 영향을 주어, 정직, 절제, 희생, 사랑이라는 열매로 드러나게 한다.

칼빈은 "하나님 앞에서의 삶은 내세(來世)에 대한 소망을 가질 때 가장 온전해진다"고 보았다. 내세(來世)를 망각한 삶은 이기적이고 탐욕에 휘둘리게 되며, 결국 현재 삶의 목적과 질서도 잃게 된다. 반면, 부활과 심판, 천국과 지옥의 실재를 믿는 자는 매일을 영원의 시각에서 살며, 자신에게 맡겨진 삶을 두려움과 경외심 가운데 살아가게 된다. 이러한 삶은 단지 도덕적 의무가 아니라, 하나님의 영광에 참여하려는 존재론적 결단에서 비롯된다.

한국 사회의 많은 이들은 '죽음'을 마치 타인의 이야기처럼 여긴다. 내세(來世)를 인정하더라도 '그때 가서 생각하겠다'는 식의 자세가 일반적이다. 그러나 성경은 '지금이 구원의 날'이며, 이 땅의 삶이 영원한 운명을 결정하는 유일한 기회라고 경고한다. 예수께서 말씀하신 '슬기로운 다섯 처녀'의 비유(마태복음 25:1-13)는 오늘 준비하지 않은 자는 영원한 잔치에 들어가지 못한다는 사실을 강하게 각인시킨다.

　내세(來世)는 단지 죽은 자들의 문제가 아니다. 그것은 지금 살아 있는 우리 모두의 문제다. 천국과 지옥은 '죽고 나서 가는 곳'이 아니라, '지금 내가 향하고 있는 방향'이다. 사도 바울은 "우리가 몸으로 있든지 떠나 있든지 주를 기쁘시게 하는 자가 되기를 힘쓰노라"(고린도후서 5:9)고 고백하였다. 오늘을 사는 방식이 내일의 내세(來世)를 만든다. 따라서 내세(來世)를 바라보는 시선은 단지 종교적 이론이 아니라 실존적 결단이며, 신앙은 그 방향 전환의 유일한 나침반이다.

　그러므로 기독교인은 매 순간, 내세(來世)를 염두에 두고 살아야 한다. 직업을 선택하고, 돈을 쓰고, 말을 하고, 사람을 대하고, 고난을 견디는 모든 순간이 바로 '영원을 위한 준비'다. 이 땅에서의 삶은 훈련이고, 시험이고, 하나님 나라의 시민권을 위한 연단이다. 믿음으로 사는 삶은 결코 순간의 즐거움이나 이익에 머물지 않는다. 그것은 장차 하나님 앞에 서는 날에 부끄럽지 않기 위한 거룩한 과정이다.

　예수 그리스도를 따르는 삶은 단지 도덕적 행위나 윤리적 선함으로 요약되지 않는다. 이 삶은 내세(來世)를 소망하며 살아가는 존재 방식이며, 이 땅에서 하늘나라를 준비하는 신앙의 여정이다. 그리스도인은 죽음을 넘어 부활을 바라보며, 심판을 준비하고, 천국을 기대하고, 하나님의 나라를 향한 순례자로 살아간다. 따라서 내세(來世)를 믿는 사람은 현실을 가장 진지하게 사는 사람이다. 그들은 매일을 마지막 날인 것처럼 살아가며, 영원한 나라의 질서를 오늘의 삶 속에 실현해 나간다.

　　　　　　　　　　　　　　　　　　　　　행복 인문학

진리의 내세(來世)관은 삶을 바꾼다

성경적 내세(來世)관은 죽음 이후의 세계를 단순한 위로나 상징으로 여기지 않는다. 오히려, 그것은 인간 실존의 궁극을 드러내며, 시간과 공간을 초월하는 실제의 영역이다. 그것은 인간 실존의 궁극적 진실이며, 영원한 현실이다. 죽음과 부활, 심판과 천국·지옥에 이르는 성경의 가르침은 인간 존재의 의미, 삶의 목적, 윤리와 가치의 기준을 형성한다.

그러나 오늘날 수많은 사람들이 이 진리를 희석시키거나 대체하는 거짓 내세(來世)관에 노출되어 있다. 한국 사회는 무속 신앙, 조상 숭배, 귀신론, 윤회사상, 막연한 천당·지옥 이미지가 혼재된 내세(來世)관 속에 있다. 종교적 융합주의와 문화 전통이라는 이름으로 받아들여지는 이러한 관점들은 죽음 이후의 실재를 왜곡하고, 인간 존재에 대한 책임감과 경건함을 약화시킨다.

그러나 성경은 분명히 말한다. 사람은 한 번 죽는 것이 정해진 것이요, 그 후에는 반드시 심판이 있으며(히브리서 9:27), 각 사람은 자기 행위에 따라 부활하여 영원한 생명 또는 영벌에 이르게 된다. 무속과 민속신앙이 만들어 낸 내세(來世) 이미지와는 전혀 다른, 하나님의 계시 위에 선 진리가 존재하는 것이다.

이러한 성경적 내세(來世)관은 단순히 미래에 대한 지식이 아니라, 지금 여기서의 삶을 근본적으로 재정의하는 기준이 된다. 예수 그리스도의 부활은 역사적 사건이자, 인류를 위한 궁극적 소망이다. 바울이 "만일 죽은 자의 부활이 없으면 그리스도도 다시 살아나지 못하셨으리라"(고린도전서 15:13)고 말한 것처럼, 부활 신앙은 기독교 신앙의 핵심이며, 동시에 성도의 삶을 변화시키는 능력이다. 이 부활의 소망은 죽음을 두려워하지 않게 하며, 의롭게 살고, 고난을 견디고, 세상 속에서 믿음을 지키는 내적 힘이 된다.

이와 같은 내세(來世) 신앙은 반드시 윤리적 실천을 동반한다. 종말과 심판의 실재를 믿는 사람은 결코 현실을 방치하거나 방종할 수 없다. 그는 오늘의 말 한 마디, 행동 하나, 선택 하나가 영원을 향한 길을 결정짓는다는 경외심 속에 살아간다. 사도 바울의 고백처럼, "우리는 반드시 그리스도의 심판대 앞에 나타나게 되어 각자가 선악 간에 그 몸으로 행한 것을 따라 받으려 함이라"(고린도후서 5:10). 이처럼 모든 삶은 하나님의 심판을 향해 걸어가고 있다.

궁극적으로, 내세(來世)에 대한 바른 신앙은 우리에게 '영원을 향해 사는 삶'을 요구한다. 죽음 이후를 준비하는 자는 이 땅의 삶을 결코 가볍게 여기지 않는다. 오히려 더욱 거룩하게, 더욱 책임 있게, 더욱 사랑으로 충만하게 살아가려 한다. 성경은 '슬기로운 다섯 처녀'처럼 준비된 자가 되라고 가르친다(마태복음 25장). 이 땅의 삶은 영원의 문턱이며, 천국은 '죽고 나서 가는 곳'이 아니라, 지금 우리가 걸어가는 삶의 방향이다.

결국, 진리의 내세(來世)관은 우리의 삶 전체를 다시 정렬시킨다. 누구든지 이 땅의 삶을 자기 마음대로 살 수는 없다. 모든 사람은 언젠가 하나

 행복 인문학

님의 심판대 앞에 서게 될 것이며, 그 앞에서 자신의 삶 전체를 되돌아보게 될 것이다. 그러므로 기독교인은 내세(來世)를 준비하며, 천국을 향해 살아가는 사람이다. 이것이야말로 진리의 내세(來世)관이 우리에게 요구하는 참된 삶의 방식이다. 영원을 준비하는 자만이 지금 이 순간을 가장 온전히 살아 낼 수 있다.

"주님, 이 생명이 다할 때, 영원의 문 앞에 설 준비가 되어 있게 하소서. 그날, 두려움이 아닌 기쁨으로 당신을 뵙게 하소서. 아멘."

행복한 인생
- 진리가 인도하는
삶의 완성

행복한 인생, 진리 위에 세워야 한다

행복은 인간이라면 누구나 갈망하는 인생의 궁극적 목표이다. 그러나 그 행복은 단지 감정의 고조나 순간적인 즐거움에 머무르지 않는다. 진정한 행복은 인생의 방향이 분명하고, 삶의 중심이 바로 설 때 주어지는 열매이며, 반드시 진리를 기반으로 형성되어야 한다. 인간은 자기중심적인 욕망이나 세속적 성공만으로는 결코 만족할 수 없다. 진리 위에 세운 삶, 곧 하나님이 정하신 창조 질서와 사랑의 방식에 따라 살아가는 삶만이 궁극적으로 행복이라는 선물을 완성할 수 있다.

성경은 진정한 행복이란 단지 무엇을 소유했는가가 아니라, 누구를 위해, 어떤 기준으로 살았는가에 따라 결정된다고 가르친다. 시편 1편은 복 있는 사람을 단순히 '형편이 좋은 사람'으로 정의하지 않는다. 오히려 여호와의 율법을 즐거워하며 그 뜻을 따라 사는 자가 복 있는 사람이라고 말한다. 행복은 외적 환경의 산물이 아니라, 내면의 방향성과 가치의 결과이다. 진리 안에서 자신을 발견하고, 그 진리에 따라 살아가는 자만이 흔들리지 않는 기쁨과 평안을 누릴 수 있다.

오늘날 많은 사람들이 행복을 추구하면서도, 오히려 더 깊은 공허와 불안을 경험한다. 이유는 간단하다. 그들이 붙들고 있는 기준이 상대적이고, 일시적이며, 자기중심적인 것들이기 때문이다. 쾌락, 성공, 인정, 소유… 이 모든 것은 언젠가 사라지며, 영원한 기쁨을 보장하지 않는다. 반면 진리는 변하지 않으며, 하나님의 뜻이라는 절대적 기준 위에 세워진 인생은 어떤 환경 속에서도 평안을 잃지 않는다. 따라서 진정한 행복은 단지 '좋은 날'을 기대하는 것이 아니라, 진리 위에 자신의 삶을 세우는 것이다.

이 제5부는 바로 그러한 삶을 위한 구체적인 실천 항목들을 다룬다. 우리는 겸손하게 자신을 낮추고, 하나님이 정하신 위계질서를 회복하며, 용서하는 능력을 키워야 한다. 그리고 자신이 가진 것을 나누고, 모든 일에 감사하며, 사랑을 성숙시켜야 하며, 마침내 세상 가운데 소금과 빛으로 살아가야 한다. 이러한 삶의 태도와 실천은 진리를 이론적으로 아는 데서 멈추지 않고, 삶 속에 체화되고, 인격 안에 자리 잡은 세계관의 열매로 맺어지는 것들이다. 즉, 겸손 → 질서 → 용서 → 나눔 → 감사 → 사랑 → 영향력, 이것이 진리 위에 세우는 행복한 인생의 구조이다.

행복은 결코 감정의 일시적 고양 상태가 아니다. 그것은 진리와 연결될 때 비로소 지속 가능한 삶의 상태로 자리 잡는다. 이 제5부는 그래서 '진리를 실천하는 자가 누리는 행복'이라는 명확한 목표를 중심으로, 독자에게 구체적인 삶의 방식과 성숙의 길을 제안하고자 한다. 진리는 인간을 억누르기 위한 규범이 아니라, 인간을 자유롭게 하고 행복하게 하는 해방의 길이다. 복음은 단지 죄에서 해방되는 소식일 뿐 아니라, 행복한 삶을 살아가는 새로운 길을 보여 주는 생명의 말씀이다.

따라서 제5부는 진정한 행복은 감정이 아니라, 진리 위에 세운 태도와 선택의 결과임을 분명히 하며, 진리가 인도하는 삶의 완성이 무엇인지를, 겉으로 보기에는 평범해 보일 수 있는 일상적 덕목들을 통해 조명하고자 한다. 이 덕목들은 하나님의 뜻 안에서 삶을 구성하는 기둥이며, 우리가 하나님 나라를 향해 가는 순례길에서 반드시 세워야 할 인격의 열매다. 행복은 우연히 찾아오는 것이 아니다. 그것은 진리를 따라 살아가기로 선택한 자에게 주어지는 하나님 아버지의 선물이다.

제1장

겸손의 소중함 - 진리 앞에서 나를 낮출 때, 인생은 깊어진다

오늘날 한국 사회는 자존감과 자기표현, 경쟁과 성취를 강조하는 분위기 속에서 '겸손'이라는 덕목이 점차 약화되고 있다. 자신을 드러내고 인정받고자 하는 욕망이 인간의 본성이라면, 겸손은 그 본성을 절제하고 다스리는 인격의 힘이다. 겸손은 자신을 낮추는 것이 아니라, 자신을 있는 그대로 인식하며 타인과의 관계 속에서 스스로를 절제하는 태도이다.

성경은 겸손을 인간됨의 본질로 강조한다. "교만은 패망의 선봉이요, 거만한 마음은 넘어짐의 앞잡이니라"(잠언 16:18)는 말씀처럼, 하나님은 교만한 자를 물리치시고 겸손한 자에게 은혜를 주신다(약 4:6). 겸손은 단지 종교적인 미덕이 아니라, 하나님과 사람 앞에서 바르게 서기 위한 인격의 기초이며, 공동체 질서를 유지하는 근본적인 태도이다.

겸손은 첫째, 자기 자신에 대한 바른 이해에서 시작된다. 인간은 하나님 앞에서 피조물이며, 완전하지 않고 유한한 존재이다. 자신의 한계를 인정하고, 타인의 말에 귀 기울이며, 항상 배움의 자세를 가지는 것—이것이 겸손한 삶의 출발점이다. 둘째, 겸손은 타인과의 관계 속에서 나타난다. 타인을 경쟁자로 보는 것이 아니라, 존중과 배려의 대상으로 보는 것, 상대의 장점을 인정하고 자신의 약점을 감추지 않는 태도는 인간관계를 건강하게 만든다. 겸손한 사람은 대화에서 자기주장을 관철하기보다는 먼저 듣고 이해하려 하며, 공동체 안에서 조화를 이루는 데 힘쓴다. 셋째, 겸손은 권위와 질서를 세우는 덕목이다. 지도자가 겸손하지 않으면 권력은 폭력으로 변질되고, 부모가 겸손하지 않으면 자녀는 반항으로 응답하며, 교사가 겸손하지 않으면 학생은 존경을 거둔다. 겸손은 공동체 내에서 신뢰와 존경을 형성하는 보이지 않는 기반이다.

겸손은 또한 진리 앞에서의 침묵과 순종을 배우는 자세이기도 하다. 겸손한 사람은 하나님 앞에서 자신의 무지와 한계를 고백할 줄 알며, 성경의 권위를 앞세우고 자신의 생각을 절대화하지 않는다. 그에게 있어 진리는 논쟁의 대상이 아니라, 자신을 변화시키는 생명의 기준이다. 그래서 겸손한 사람은 잘못을 쉽게 인정하고, 타인의 충고를 감사함으로 받아들이며, 끊임없이 자신을 점검하고 자라기를 원한다. 그는 자신이 부족하다는 사실이 오히려 하나님을 의지하는 힘이 된다는 것을 안다. 이런 겸손은 신앙 공동체 안에서 성숙을 이루는 가장 중요한 영적 기반이다.

오늘날 한국 사회는 지나친 경쟁과 자기과시, 불신과 분열로 인해 겸손의 가치를 상실하고 있다. 그러나 겸손은 오히려 치열한 사회 속에서 더 강력한 덕목이다. 겸손은 약함이 아니라, 스스로를 통제할 줄 아는 강함이며, 자신이 누구인지를 분명히 아는 자만이 보여 줄 수 있는 성숙한 태도이다. 그리고 보다 적극적인 겸손은 하나님의 말씀과 법도에 순종하며, "무엇에든지 참되며 무엇에든지 경건하며 무엇에든지 옳으며 무엇에든지 정결하며 무엇에든지 사랑받을 만하며 무엇에든지 칭찬받을 만하며 무슨 덕이 있든지 무슨 기림이 있든지 이것들을 생각하는 것이다"(빌 4:8). 한국인이 진정으로 행복한 삶을 살기 위해서는 이러한 겸손의 가치를 회복

행복 인문학

하고 삶으로 구현해야 한다.

겸손은 관계를 회복하고, 공동체를 살리며, 자신을 성장시키는 힘이다. 겸손은 시대를 거슬러 흐르지만, 결국 시대를 회복시키는 근본 동력이 된다. 그러므로 오늘 우리는 겸손은 단지 미덕이 아니라, 진정한 인간됨의 표지이며, 하나님 앞에 선 인생의 태도라는 것을 보여 주며 가르쳐야 한다. 겸손은 또한 '행복한 인생'을 위한 지혜로운 전략이다. 교만한 사람은 사람들과의 관계 속에서 반복적으로 갈등을 일으키지만, 겸손한 사람은 주변 사람들에게 신뢰를 주고, 협력을 끌어내며, 공동체 안에서 존중을 받는다. 겸손한 태도는 타인의 조언을 기꺼이 받아들이게 하고, 실패와 실수를 통해 배우게 하며, 자기중심적 판단에서 벗어나 하나님의 뜻을 구하게 한다. 겸손은 성취 이전에 품어야 할 자세이며, 인생의 무게를 감당하는 지혜의 출발점이다. 특히 가정과 학교, 일터와 사회 각 분야에서 겸손은 갈등을 줄이고 소통을 가능하게 하며, 공동체의 안정과 성장을 위한 핵심적 자질로 작용한다. 진정한 겸손은 자신을 비하하거나 부정하는 것이 아니라, 하나님의 뜻 안에서 자신을 온전히 바라보고, 이웃과 함께 살아가려는 삶의 태도이다. 이 겸손이야말로 진리 위에 세운 행복한 인생의 첫걸음이다.

제2장.

위계질서의 소중함 - 하나님이 세우신 질서를 따를 때, 관계는 회복된다

오늘날 한국 사회는 겉으로는 민주주의와 평등의 가치를 강조하면서도, 속으로는 질서 없는 자유와 권리 주장에 길들여져 있다. 그 결과 가정과 공동체 안에서 세워져야 할 위계질서에 대한 거부감이 깊어졌고, 이는 결국 사회 전체의 신뢰 기반을 무너뜨리고 있다.

위계질서는 억압이나 차별을 뜻하는 것이 아니다. 하나님은 창조 질서 안에서 부모와 자녀, 교사와 학생, 리더와 구성원 사이의 역할과 위치를 다르게 세우셨다. 이것은 단지 권력의 위아래가 아니라, 공동체 안에서 책임과 봉사의 순서를 의미하는 것이다. 사실, 위계질서는 우리가 자라면서 가장 자연스럽게 경험하는 삶의 틀이다. 어린 시절 골목 놀이터에서는 나이가 많고 경험이 많은 아이가 놀이의 규칙을 정하고, 그보다 어린 아이는 그가 정한 규칙을 배우며 따른다. 그 과정에서 질서와 배려, 순응과 협력의 의미를 익히며 성장한다.

문제는 이 위계질서의 교육이 고등학교까지는 엄격한 질서로 유지되다가, 대학에 들어서면 그 중요성이 희미해지고, 나아가 사회에 진출한 후에는 아예 하극상의 빌미로 작용한다는 데 있다. 군대에서의 하극상이 문제시되는 이유도 여기 있지만, 실제로는 일반 직장과 일터에서 발생하는 하극상 현상이 더 심각하다. 경험과 연륜을 존중하지 않고, 직급과 역할을 무시하며, 오직 자신의 권리만을 앞세우는 태도는 가정과 공동체의 붕괴를 초래한다. 심지어 가정 내에서도 자녀가 부모를 무시하거나, 학교에서 학생이 교사의 권위를 인정하지 않는 현상은 바른 위계질서가 무너진 한국 사회의 단면이다.

성경적 세계관은 그리스도인에게 위계질서를 거부하지 말 것을 가르친다. 국가와 사회와 가정에서 하나님께서 세우신 권위와 역할을 존중하며, 자발적인 순종과 협력을 통해 질서 있는 공동체를 이루라고 가르친다. 진정한 위계는 억압이나 명령이 아니라, 사랑 안에서 기능하는 질서이며, 서로 다른 역할을 통해 공동선을 이루는 협력의 구조다. 하나님은 무질서의 하나님이 아니라 평화의 하나님이시며(고린도전서 14:33), 그분의 뜻 안에서 작동하는 질서는 혼란이 아니라 조화와 평안을 낳는다.

오늘날 한국 사회가 위계질서에 대해 거부감을 갖게 된 데는 그동안의 권위주의적 문화와 부패한 권력 행태가 크게 작용했다. 그러나 문제의 원인을 왜곡된 질서에서 찾았다고 해서, 질서 자체를 무너뜨리는 것은 더 큰 혼란을 가져올 뿐이다. 한국인은 바른 위계질서를 회복해야 한다. 존중과 책임, 권위와 순종이 건강하게 작동하는 공동체야말로 진정한 자유와 평등이 실현되는 공간이다. 성경은 아버지를 공경하고(출 20:12), 윗사람을 존중하되 모든 사람을 사랑하라고 가르친다(벧전 2:17). 바울은 질서가 없는 교회를 책망했고, 교회 안에서도 직분과 권위의 질서를 분명히 정하였다(딤전 3장). 이러한 위계의 목적은 누군가를 억누르기 위한 것이 아니라, 각 사람이 자기 역할을 바르게 감당함으로써 하나님의 뜻이 이루어지도록 하기 위함이다.

　따라서 한국 사회가 건강해지기 위해서는 가정, 학교, 일터, 국가에 이르기까지 모든 영역에서 바른 위계질서를 다시 세워야 한다. 어린이는 어른을 존경하고, 학생은 교사를 존중하며, 직원은 상사의 경험을 신뢰하고, 리더는 구성원을 섬기는 책임을 다해야 한다. 이러한 상호 존중과 책임 속에 세워지는 위계질서야말로 공동체의 뿌리를 지탱하는 보이지 않는 기둥이다. 결국 위계질서는 공동체 내에서 서로가 서로를 존중하는 방식으로 작동할 때 비로소 진정한 의미를 가진다. 진정한 위계는 힘의 논리가 아니라 사랑과 책임의 논리에서 비롯된다는 사실을 우리는 분명히 가르쳐야 한다.

　겉으로는 평등을 외치지만, 실제로는 교만과 자기중심이 지배하는 시대에 우리는 다시 겸손과 존중, 그리고 바른 위계의 질서를 회복해야 한다. 그럴 때에야 비로소 한국 사회는 내면의 건강함과 지속 가능한 공동체의 품격을 회복할 수 있을 것이다.

제3장.
자존감의 소중함 - 하나님이 주신 나를 존중할 때, 삶은 단단해진다

사람은 누구나 자신이 소중한 존재라고 느낄 때, 더 건강하게 살아갈 수 있다. 그러나 오늘날 많은 사람들, 특히 청소년들은 자신을 있는 그대로 사랑하고 존중하는 데 어려움을 겪는다. 비교와 경쟁이 일상이 된 사회에서는, 타인의 평가와 성취 기준에 맞추어 자신을 재단하기 쉽다. 이로 인해 자존감은 끊임없이 흔들리며, 한순간의 실패나 비난에도 쉽게 무너진다.

하지만 성경은 인간 존재의 가치를 외적인 성취나 타인의 인정이 아니라, 하나님과의 관계 속에서 정의한다. 하나님은 인간을 자신의 형상대로 지으셨고(창세기 1:27), 그 존재 자체를 귀하게 여기신다. 이 진리는 자존감의 가장 확고한 근거가 된다. 인간은 어떤 조건 없이 사랑받을 존재이며, 하나님의 뜻 안에서 고유한 역할과 사명을 지닌다. 하나님은 우리가 있는 그대로도 충분히 소중하다고 말씀하시며, 그분의 사랑은 우리의 실패나 결점에도 불구하고 변함이 없다.

자존감은 교만이나 자기중심성과 다르다. 자존감은 자기 자신을 객관적으로 이해하고, 하나님의 형상대로 지어진 존재로서 자신을 존중하며, 자기 삶의 책임을 받아들이는 태도이다. 반면 교만은 자신을 과대평가하고, 타인을 무시하며, 하나님보다 자신을 높이는 마음이다. 자존감은 하나님의 눈으로 자신을 바라보며, 자신에게 주어진 삶의 무게와 책임을 감사함으로 감당하는 인격적 성숙이다.

건강한 자존감을 가진 사람은 자신의 장점과 약점을 바르게 인식하고, 실패를 두려워하지 않으며, 타인과의 비교 대신 자신에게 주어진 길을 묵묵히 걸어간다. 이는 타인의 인정이나 결과 중심의 평가에서 자유로울 수 있게 한다. 또한 이러한 자존감은 타인을 비난하거나 깎아내림으로써 자신의 가치를 증명하려 하지 않고, 오히려 타인의 존재도 함께 존중하며 공동체 속에서 건강한 관계를 맺게 만든다. 자존감이 있는 사람은 자신의 정체성과 사명을 하나님 안에서 확인하므로 흔들림 없이 살아갈 수 있다.

성경 인물 중에도 자존감의 회복을 경험한 인물들이 많다. 모세는 과거의 실수와 말주변 없는 자신을 이유로 하나님의 부르심을 거절하려 했지만, 하나님은 그를 지도자로 세우셨다. 베드로는 예수님을 세 번 부인한 깊은 죄책감 속에서 자존감을 잃었지만, 부활하신 주님은 그를 다시 회복시키시며 사명을 주셨다. 이처럼 하나님은 인간의 실패를 끝이 아니라, 회복의 시작으로 삼으신다. 또한 다윗은 수많은 외적 위기 속에서도 "나는 주께서 지으신 기이하고 놀라운 존재입니다"(시편 139:14)라고 고백하며, 하나님의 시선 안에서 자신의 가치를 재확인했다. 사도 바울 역시 과거에 교회를 핍박했던 과오에도 불구하고, 하나님의 긍휼로 말미암아 복음 전도자의 사명을 맡은 자신을 받아들이며 담대히 사역했다. 그들의 공통점은 자존감을 자기 자신 안에서 찾지 않고, 하나님의 부르심 안에서 새롭게 세웠다는 데 있다.

오늘날 많은 이들이 외모, 학벌, 직업, 재산 등 세상의 기준에 의해 자신을 평가한다. 그러나 이 기준들은 너무도 변덕스럽고 불완전하다. 하나님은 인간을 있는 그대로 존귀하게 보신다. 진정한 자존감은 하나님 앞에서 자신을 정직하게 바라보며, 그분이 주신 존재의 가치를 발견하고 감사하며 살아가는 데서 출발한다.

그러므로 우리는 자녀들에게도, 우리 자신에게도 이렇게 말해야 한다. "너는 하나님이 사랑하시는 소중한 존재다. 너는 이 세상에 필요한 사람이며, 하나님이 너에게 맡기신 일이 있다." 이 확신이 자존감을 세우고, 흔들리지 않는 정체성을 만들어 간다.

자존감은 나를 높이는 일이 아니라, 하나님이 나를 어떻게 보시는지를 믿는 일이다. 그 시선을 받아들이는 순간, 사람은 자유로워지고 용기를 얻으며, 더 나아가 타인의 가치를 존중할 수 있게 된다. 자존감은 내가 누군가로부터 존중받을 자격이 있다는 믿음이 아니라, 이미 하나님께로부터 존중받고 있다는 진리 안에 뿌리내릴 때 비로소 깊어지고 성숙해진다.

그러므로 자존감은 행복한 인생의 필수 조건이다. 자기 존재를 존중할 줄 아는 사람만이 타인을 존중할 수 있고, 삶의 의미를 깊이 누릴 수 있다. 우리 사회가 진정으로 회복되기 위해서는, 모든 사람이 하나님 안에서 자신의 존재 가치를 발견하고, 자존감을 회복하는 데서 시작해야 한다. 진리 안에 깊이 뿌리내린 자존감은 세상의 평가에 흔들리지 않고, 하나님이 주시는 사명의 길을 끝까지 완주할 수 있는 내적 에너지가 된다.

제4장

용서하는 능력의 소중함 - 상처를 품고도 행복을 선택하는 힘

행복한 인생을 성취하려면 반드시 용서하는 능력을 갖추어야 한다. 인간은 누구나 상처를 주고받으며 살아간다. 부모와 자녀, 친구와 연인, 직장 동료, 심지어 가장 가까운 가족 사이에서도 오해와 다툼, 실망과 배신이 일어난다. 이러한 상처는 그대로 두면 마음의 병이 되고, 때로는 삶 전체를 어둡게 만든다.

용서는 감정의 억제가 아니다. 억지로 잊거나 무시하는 것도 아니다. 진정한 용서는 상대의 잘못을 직면하면서도, 그 잘못을 더 이상 내 감정의 중심에 두지 않고, 하나님 앞에서 자유를 선택하는 행위이다. 성경은 용서를 하나님의 명령으로 제시한다. 예수님은 제자들에게 하루에 일곱 번이라도 회개하면 용서하라고 말씀하셨고(누가복음 17:4), 주기도문에서도 "우리가 우리에게 죄 지은 자를 사하여 준 것 같이 우리 죄를 사하여 주시옵고"(마태복음 6:12)라고 기도하게 하셨다.

그러나 용서는 말처럼 쉽지 않다. 특히 깊은 배신이나 반복된 상처 앞에서는 더욱 어렵다. 용서는 종종 자존심을 내려놓고, 고통의 기억을 다시 꺼내 보아야 하는 인내를 요구한다. 그러나 그럼에도 불구하고 용서를 선택해야 하는 이유는 분명하다. 첫째, 용서는 나를 자유케 한다. 용서하지 않으면 그 사람에 대한 미움과 원망이 내 마음을 사로잡고, 결국 나는 행복해질 수 없다. 둘째, 용서는 공동체를 회복시킨다. 용서가 없는 곳에서는 신뢰가 무너지고 관계가 파괴되지만, 용서는 관계를 새롭게 만들고, 사랑과 평화의 길을 열어 준다. 셋째, 용서는 하나님의 성품을 닮는 길이다. 하나님은 우리가 죄인이었을 때 우리를 먼저 용서하셨고, 그 은혜를 받은 자는 그 은혜를 흘려보내야 한다.

용서는 피해자가 자신의 피해 사실을 부정하거나, 가해자를 변호하는 것이 아니다. 오히려 용서는 진실을 인정하고, 정의를 추구하면서도, 분노와 보복의 고리를 끊는 고결한 선택이다. 용서는 정의의 부정이 아니라 정의를 넘어선 사랑의 능력이다. 그리고 이 사랑은 인간 스스로의 능력이 아니라, 하나님의 사랑을 깊이 체험할 때 비로소 흘러나오는 힘이다. 그러므로 용서란 나를 위한 회복의 문이기도 하며, 상대를 향한 축복의 통로이기도 하다.

현대 사회는 경쟁과 갈등이 일상화되어 있어, 용서보다는 비난과 고소, 단절과 보복이 당연시되는 분위기 속에 있다. 그러나 이러한 분위기에서는 누구도 행복할 수 없다. 개인과 공동체 모두 상처와 증오에 물들게 되고, 결국 사회 전체가 병들게 된다. 용서는 이런 사회에 필요한 치유의 열쇠이며, 회복의 출발점이다. 용서가 사회 전체에 미치는 영향은 매우 크다. 한 사람의 용서가 또 다른 사람의 분노를 녹이고, 용서는 연쇄적으로 공동체의 분위기를 변화시킬 수 있다.

예수님은 십자가에서 자신을 못 박는 자들을 향해 "아버지, 저들을 사하여 주옵소서. 자기들이 하는 것을 알지 못함이니이다"(누가복음 23:34)라고 기도하셨다. 이 말씀은 용서의 절정이며, 우리 모두가 본받아야 할 태도이다. 우리가 받은 이 용서를 생각한다면, 우리 역시 누군가를 용서할 수 있다. 스데반 집사도 돌에 맞아 죽어가며 "이 죄를 그들에게 돌리지 마옵소서"라며 용서의 기도를 드렸다. 하나님의 사람들은 고통 속에서도 용서를 선택했고, 그 용서는 다음 세대를 위한 믿음의 유산이 되었다.

그러므로 행복한 인생을 위해 우리는 용서를 배워야 한다. 마음에 담아 두기보다 놓아주고, 정죄하기보다 품어 주며, 미움보다 사랑을 선택하는 사람—그 사람이야말로 진정으로 자유롭고 행복한 인생을 살아가는 사람이다. 용서의 능력은 우리의 삶을 치유하고, 공동체를 회복하며, 이 땅에 하나님 나라의 질서를 실현하는 열쇠가 된다. 용서는 연약함에서 비롯된 물러섬이 아니라, 상처 속에서도 사랑을 선택하는 믿음의 용기이며, 하나님은 우리에게 바로 그 길을 걷도록 부르신다. 우리가 먼저 용서의 길을 따를 때, 하나님의 평화가 우리 안에 열매 맺고, 그것이야말로 진정으로 행복한 인생을 가능케 하는 힘이 된다.

제5장.

나눔이 클수록 행복해진다 - 재물도 마음도
나눌수록 인생은 충만해진다

우리는 종종 "어떻게 하면 행복해질 수 있을까?"라는 질문을 한다. 그러나 많은 경우 이 질문은 "무엇을 더 소유해야 하는가?"라는 질문과 뒤섞인다. 우리는 더 많은 물질, 더 좋은 환경, 더 높은 지위가 행복을 가져다줄 것이라 믿고 끊임없이 그것들을 추구한다. 그러나 아이러니하게도, 가진 것이 많아질수록 마음은 더 불안해지고, 사람들과의 관계는 더 소원해지는 경우가 많다. 그렇다면 행복은 소유에 있지 않다는 말인가? 그렇다. 진정한 행복은 소유가 아니라, 나눔 속에서 주어진다.

성경은 우리에게 끊임없이 "주는 삶"의 가치를 강조한다.

사람은 자기만을 위해 살도록 창조되지 않았다. 우리는 다른 사람과의 관계 속에서 사랑을 주고받을 때 비로소 인간다움을 느끼고, 존재의 가치를 실감하게 된다. 나눔은 단지 어떤 것을 '주는 행위'가 아니라, 나 자신의 중심에서 벗어나 하나님과 타인을 향해 마음을 열고, 관계 속으로 들어가는 일이다. 이 관계는 물질만을 나누는 것이 아니라, 시간, 관심, 격려, 동행이라는 더 깊은 차원의 나눔으로 확장된다. 나눔은 마음의 벽을 허물고, 관계의 문을 여는 열쇠가 된다.

예수님께서 보여 주신 삶의 방식은 철저한 나눔이었다. 그는 시간을 나누었고, 말씀을 나누었고, 기적과 능력을 나누었고, 결국 생명까지 나누셨다. 예수님이 하신 모든 나눔의 행위는 하나님의 나라가 어떤 것인지를 우리에게 보여 주신 '삶의 모범'이었다. 우리가 그리스도의 제자로서 이 길을 따른다면, 나눔은 선택이 아니라 정체성의 표현이며, 신자의 삶의 본질이 된다.

나눔은 또한 우리를 자유롭게 한다. 재물을 쌓는 삶은 늘 불안과 염려에 시달리지만, 나누는 삶은 하나님의 공급하심을 신뢰하는 믿음의 실천이다. 내가 가진 것이 하나님의 것임을 인정하고, 그분의 뜻에 따라 흘려보낼 때, 우리는 물질의 지배로부터 자유로워지고, 오히려 더 풍성한 은혜를 경험하게 된다.

무엇보다 나눔은 하나님의 마음을 이 땅에 구현하는 방식이다. 하나님은 언제나 가난한 자, 억눌린 자, 고아와 과부를 돌아보셨고, 선지자들과 예수님을 통해 그들과 함께하셨다. 따라서 우리의 나눔은 단순한 동정이 아니라, 하나님의 정의와 긍휼을 세상 속에 실현하는 거룩한 사명이다. 나눔이 클수록 행복해지는 이유는, 그 나눔을 통해 우리가 하나님의 성품에 참여하게 되고, 하나님이 기뻐하시는 삶을 살아가게 되기 때문이다.

사실 진정한 행복은 자기만을 위해 모으고 쌓는 삶에서 오지 않는다. 참된 만족은 자기의 것을 다른 이와 기꺼이 나누는 삶, 곁에 있는 이들의 필요를 살피고 채워 주는 삶 속에서 자란다. 나눔은 단지 착한 일을 하는 것이 아니라, 인간이 인간답게 살아가기 위한 본질적인 길이다. 우리는 나누는 순간 손해를 보는 것처럼 느낄 수 있지만, 오히려 그 순간에야말로 삶의 풍요와 깊은 기쁨을 경험하게 된다. 예수께서는 "주는 것이 받는 것보다 복이 있다"(행 20:35)고 말씀하셨다. 이 말씀은 나눔이 단순히 남을

                                          행복 인문학

위한 의무가 아니라, 자신을 위한 축복의 길임을 선포하는 선언이다. 나누는 사람은 결국 더 깊은 만족과 관계의 기쁨을 누리게 되며, 그 삶은 세상 기준의 성공을 넘어선 내면의 충만과 존재의 의미를 경험하게 된다. 행복은 멀리 있지 않다. 더 많이 가지는 데 있지 않고, 있는 것을 나누는 데 있다. 나눔은 하나님의 형상대로 지음 받은 인간이 자기 존재의 의미를 회복하는 방식이며, 자기중심적 삶에서 벗어나 타인을 향해 열린 사람만이 누릴 수 있는 참된 복이다. 인생이 허전하고 공허하게 느껴질 때, 우리는 더 많이 소유해야 하는 것이 아니라, 더 많이 흘려보내야 할 이유를 발견해야 한다. 나눔은 곧 행복한 인생의 문을 여는 열쇠다.

마지막으로, 나눔은 사라지지 않는 영원한 가치로 남는다. 이 땅에서 행한 작은 선행조차 하나님 앞에서는 결코 잊히지 않으며, 그것은 언젠가 "잘하였도다, 착하고 충성된 종아"라는 주님의 칭찬으로 이어질 것이다. 우리가 베푼 사랑은 하나님의 기억 속에 간직되고, 그 사랑은 때가 되면 하늘의 보상으로 되돌아온다. 세상에서의 행복은 잠시 스쳐 지나가지만, 하나님 안에서 누리는 기쁨은 영원하며, 우리는 나눔을 통해 그 영원의 기쁨을 이 땅에서 미리 맛보게 된다.

제6장

감사할수록 행복해진다 - 모든 것에 감사할 때, 일상은 기쁨이 된다

오늘날 한국 사회는 경쟁과 불안, 소비와 비교의 문화 속에서 살고 있다. 감사보다는 불만과 요구가 일상적인 반응이 되고, 자기를 돌아보기보다는 남과의 차이를 계산하며 살아간다. 이러한 분위기 속에서 '감사하는 삶'은 마치 현실을 회피하거나 순응하는 것처럼 여겨질 수도 있다. 그러나 감사는 현실을 외면하는 것이 아니라, 현실 속에서 하나님의 손길을 발견하고 긍정하는 능동적 신앙의 표현이다. 감사는 연습해야 하며, 실천해야 습관이 된다. 감사하지 않는 시대에 감사하는 자가 진정으로 행복한 자이다.

세상은 끊임없이 불만족을 조장한다. 비교와 경쟁은 더 가지지 못한 것에 눈을 돌리게 만들고, 작은 것을 무시하게 만든다. 그러나 감사는 이미 받은 것을 바라보게 하며, 가진 것으로 만족할 줄 아는 마음을 길러 준다. 감사는 자족의 열쇠이며, 자족은 곧 행복의 시작이다. 그래서 성경은 "아무 것도 염려하지 말고 다만 모든 일에 기도와 간구로, 너희 구할 것을 감사함으로 하나님께 아뢰라 그리하면 모든 지각에 뛰어난 하나님의 평강이 그리스도 예수 안에서 너희 마음과 생각을 지키시리라"(빌 4:6-7)라고 말씀한다.

감사는 마음을 지키고 관계를 회복시키며, 공동체를 살리는 힘이 있다. 불평과 원망은 공동체를 파괴하고, 개인의 내면을 어둡게 하지만, 감사는 화해와 사랑을 가능케 한다. 감사하는 마음은 기쁨을 낳고, 기쁨은 다시 감사로 이어지는 선순환을 만든다.

특히 감사는 절망과 고통의 순간에서도 하나님의 뜻을 발견하려는 영적 감수성이다. 성경의 욥은 모든 것을 잃고도 하나님께 감사하며 입술로 범죄하지 않았고, 사도 바울은 감옥에서도 감사의 노래를 불렀다. 이러한 감사는 상황을 초월하는 신앙의 고백이며, 내면의 자유와 영혼의 평화를 가져온다. 감사를 선택하는 자는 환경에 끌려가지 않고, 진리 안에서 자기 삶의 중심을 세우는 사람이다.

감사는 일상의 작고 평범한 것들을 다시 바라보게 한다. 매일 마시는 물 한 잔, 누군가의 미소, 건강한 몸, 말씀을 읽을 수 있는 자유, 예배할 수 있는 공동체—이 모든 것이 얼마나 값진 은혜인가를 깨닫게 될 때, 우리는 더 이상 결핍의 노예가 아닌 풍성함의 주인으로 살아가게 된다. 감사는 눈을 열고, 마음을 넓히며, 삶을 깊게 만든다.

행복한 인생은 특별한 일이 생길 때만 주어지는 것이 아니다. 그것은 오늘 이 순간, 감사할 줄 아는 사람에게 조용히 찾아온다. 아침에 눈을 뜰 수 있음에 감사하고, 가족이 곁에 있음에 감사하고, 오늘도 내게 맡겨진 일이 있음에 감사할 때, 우리는 이미 하나님의 선하신 인도하심 안에 살고 있음을 느끼게 된다.

그러므로 행복한 인생을 살고자 하는 이들은 먼저 감사를 배우고 훈련해야 한다. 감사는 감정이 아니라 선택이며, 순간의 반응이 아니라 인생의 방향이다. 범사에 감사하는 삶은 우리를 변화시키고, 가정을 살리고,

이웃을 밝히며, 이 사회를 따뜻하게 한다. 감사는 행복을 만드는 가장 강력한 내적 자산이며, 하나님의 은혜를 삶 속에서 끊임없이 발견하는 거룩한 통로다.

행복 인문학

행복 인문학

제7장.

사랑을 성숙시켜야 한다 - 에로스에서 필리아로, 필리아에서 아가페로 자라나는 삶

인생의 행복은 사랑의 성숙과 깊이에서 비롯된다. 사람은 누구나 사랑을 갈망하며 살아가지만, 사랑이 언제나 행복을 보장하는 것은 아니다. 오히려 사랑이라는 이름 아래 상처받고, 뒤틀리고, 불행해지는 경우도 적지 않다. 왜일까? 그것은 사랑이 제대로 자라지 못하고, 성숙하지 못한 채 머물러 있기 때문이다. 사랑은 단지 감정이 아니라, 관계의 본질이며, 삶을 구성하는 중심축이다. 그러므로 행복한 인생을 성취하려면 사랑을 반드시 성숙시켜야 한다. 사랑에는 단계가 있다. 에로스(Eros)로 시작하여 필리아(Philia)로 자라나고, 아가페(Agape)로 완성되어야만 인간은 참된 사랑을 누릴 수 있고, 그 속에서 비로소 인생의 기쁨과 만족을 얻는다.

1. 에로스(Eros) 사랑 - 머물러서는 안 되는 사랑

에로스는 하나님께서 인간에게 본능으로 심어 주신 이성을 향한 사랑으로, 남녀 간의 강한 끌림과 성적 사랑을 의미한다. 이는 단지 육체적 충동이나 감정적 열정이 아니라, 하나님의 창조 질서 안에서 인류의 생명을 잇고 가정을 형성하도록 계획된 거룩한 본능이다. 하나님께서 창세기 1장 28절에서 "생육하고 번성하라"고 명하신 바와 같이, 에로스적 사랑은 남자와 여자가 연합하여 생명을 잉태하고, 가정을 이루며, 인류 공동체를 확장하게 하는 출발점이다. 또한 창세기 2장 24절에서 "남자와 여자가 한 몸을 이룬다"는 말씀은 단순한 육체적 결합을 넘어, 헌신과 사랑, 상호 책임을 전제로 한 거룩한 연합을 의미한다.

그러나 에로스는 양면성을 지닌다. 결혼 안에서는 하나님께서 주신 선물이 되지만, 결혼 밖에서 사용될 경우 인간을 파괴하는 도구가 된다. 오늘날 에로스는 감정과 욕망의 언어로 소비되고 있으며, 감정에 휘둘려 분별력을 잃는 많은 사람들이 실망과 상처를 경험한다. 에로스적 사랑이 열정적인 감정으로만 머문다면, 그 사랑은 결국 이기심과 소유욕으로 변질되어 다른 대상을 찾아 떠나게 만든다.

따라서 사랑이 열정적으로 느껴질수록 우리는 정신을 차려야 한다. 사랑은 감정의 절정이 아니라, 관계의 출발이다. 에로스적 사랑은 반드시 결혼이라는 언약 안에서 보호받고, 그 안에서 필리아적 사랑으로 자라나야 한다. 그렇지 않으면 사랑은 눈물의 씨앗이 될 수 있다. 참된 사랑은 언제나 성숙을 향해 자라 가야 하며, 그 성숙은 곧 행복한 인생의 시작이다.

2. 필리아(Philia) 사랑 - 관계로 성숙하는 사랑

사랑이 깊고 지속되기 위해서는 에로스적 사랑에서 필리아적 사랑으로의 성장이 필요하다. 필리아는 비성애적인 우정과 신뢰의 사랑으로, 결혼한 부부가 서로를 이해하고 지지하는 관계 속에서 형성된다. 에로스가 두 사람을 하나로 묶었다면, 필리아는 그 하나됨을 지속시키는 힘이다. 이 사랑은 가정 안에서 부부가 자녀를 낳고 함께 양육하며 형성되는 연대와 책임 속에서 더욱 깊어진다.

필리아 사랑은 단지 부부 사이에 머무르지 않는다. 그것은 부모와 자녀, 형제자매, 친구와 이웃을 향해 확장되며, 하나님의 창조 질서 속에서 사람과 사람 사이에 조화롭고 질서 있는 관계를 만들어 낸다. 필리아는 결국 가정과 공동체의 기초이며, 인간이 이기심을 넘어 타인을 돌보고 함께 살아가는 데서 나타나는 사랑이다. 성경의 계명들—부모를 공경하고, 간음하지 말며, 이웃을 탐내지 말라는 가르침—은 모두 필리아적 사랑을 바탕으로 한다.

따라서 사랑하는 남녀는 에로스에서 멈추지 말고, 필리아로 자라 가야 한다. 결혼하여 자녀를 낳고 함께 양육하며 부모의 사랑을 깨닫고, 그 사랑을 자녀에게 전하는 과정을 통해 우리는 하나님이 디자인하신 사랑의 구조를 경험하게 된다. 그 안에서 감사와 기쁨, 그리고 깊은 행복이 피어난다.

3. 아가페(Agape) 사랑 - 가장 위대한 사랑

아가페는 인간의 구원을 위해 독생자 예수 그리스도를 십자가에 내어 주신 하나님의 무조건적이고 자기희생적인 사랑이다. 요한복음 3장 16절은 이 사랑의 본질을 명확하게 보여 준다. "하나님이 세상을 이처럼 사랑하사 독생자를 주셨으니…" 하나님의 아가페 사랑은 긍휼이며 자비요, 눈물 흐르는 자의 마음을 어루만지는 위로의 사랑이다.

그 사랑에 대한 인간의 응답은 감사와 충성이며, 예수께서 명하신 두 계명—하나님을 온 마음과 뜻과 힘을 다해 사랑하고, 이웃을 내 몸처럼 사랑하라—에 대한 순종으로 나타난다. 아가페 사랑은 예배와 찬양으로 하나님을 사랑하고, 나보다 어려운 이에게 나누며, 나를 힘들게 한 사람을 용서하고 그를 위해 기도하는 사랑이다. 이 사랑은 감정이 아니라 결단이며, 일시적인 열정이 아니라 영원한 관계의 기초다.

아가페에는 아버지의 강인함과 어머니의 따뜻함이 함께 있다. 인간의 사랑은 이기심을 넘어서기 위해 자기 부인과 순종을 동반해야 하며, 하나님의 말씀에 대한 순종과 예수 그리스도의 삶을 따르는 실천으로 나타나야 한다. 에로스에서 필리아로, 그리고 아가페로 성숙하는 사랑 안에서 우리는 인생의 참된 목적과 영원한 가치를 발견하게 된다.

결론 - 사랑이 인생의 경계를 나눈다

사람들 사이에는 행복한 사람과 불행한 사람을 나누는 보이지 않는 경계가 있다. 그것은 물질의 많고 적음이 아니라, 사랑의 방향성에 따라 나뉜다. 한쪽에는 하나님과 이웃을 사랑하며 살아가는 사람들이 있다. 그들은 자신의 삶을 기꺼이 나누고, 이웃을 섬기며, 밝고 따뜻한 삶을 살아간다. 다른 한쪽에는 자기 욕망을 채우는 데 몰두하며 물질과 쾌락을 좇는 사람들이 있다. 그들은 언제나 부족하고 불만족스럽고, 결국 자기 자신도 상처 입고 만다.

사랑 없는 수고는 인생을 고달프게 만들지만, 사랑 안에서의 수고는 인생을 의미 있게 만든다. 이기심을 위한 삶은 결국 고통을 부르고, 사랑을 실천하는 삶은 천국의 평화를 경험하게 한다. 그래서 인간은 매일매일 선택 앞에 서 있다. 하나님과 이웃을 사랑하며 살 것인가, 아니면 자기 욕망만을 따라 살 것인가. 그 선택은 곧 이 땅에서 천국을 누릴 것인가, 지옥을 살 것인가를 결정하는 길이다.

사랑은 감정이 아니라 성장이다. 에로스에서 필리아로, 그리고 아가페로 나아가는 사랑의 여정을 걸어갈 때, 인간은 진정으로 행복한 인생을 성취할 수 있다.

제8장.

소금과 빛이 되는 삶이 행복을 가져다준다
- 세상을 변화시키는 삶이 곧 가장 복된 인생이다

예수님은 제자들에게 "너희는 세상의 소금이요, 세상의 빛이다"(마태복음 5:13-14)라고 말씀하셨다. 이 말씀은 단지 신앙인의 정체성을 선언하는 차원을 넘어, 그 정체성대로 살아갈 때 진정한 행복과 기쁨이 따른다는 삶의 원리를 가르쳐 주신 것이다. 소금은 부패를 막고, 맛을 내며, 생명을 보존하는 역할을 한다. 빛은 어둠을 밝히고, 길을 비추며, 진실을 드러낸다. 우리 삶이 세상의 소금과 빛이 된다는 것은, 세속의 타락과 거짓, 절망의 흐름 속에서 하나님의 진리를 드러내며 살아가는 삶을 의미한다.

그러나 오늘날 세상은 소금과 빛의 역할을 불편해하고, 심지어 거부하기도 한다. 진리를 말하면 혐오로 몰리고, 정직하게 살면 손해를 보며, 바르게 행동하면 비웃음을 받는다. 이런 시대 속에서 소금과 빛으로 살아간다는 것은 외롭고 힘든 일이 될 수 있다. 하지만 그럼에도 불구하고, 그 삶이야말로 가장 복된 길이며, 하나님께서 기뻐하시는 인생이다.

소금과 빛의 삶은 자기중심적 사고에서 벗어나 이웃과 공동체를 위한 헌신으로 드러난다. 가정에서, 학교에서, 직장에서, 사회 속에서 우리는 정직과 정의, 자비와 사랑을 실천함으로써 하나님의 성품을 드러낼 수 있다. 이러한 삶은 비록 당장 세상적인 성공이나 인정은 따르지 않을 수 있지만, 하나님께서 주시는 깊은 만족과 평안을 누리는 복된 삶이 된다.

예를 들어, 직장에서 누구도 하기 싫어하는 허드렛일을 묵묵히 감당하는 사람, 손해를 감수하면서도 원칙을 지키는 사람, 자신에게 주어진 작은 책임에 충실하며 다른 사람을 세워 주는 사람은 세상 속에서 빛나는 소금의 역할을 감당하는 사람이다. 이들은 화려하게 드러나지 않지만, 그들의 행동은 공동체에 신뢰를 심고, 사람들의 마음을 따뜻하게 만든다.

또한 빛으로 사는 삶은 어둠에 조용히 맞서는 용기에서 비롯된다. 부정과 불의가 만연한 상황에서 침묵하지 않고 바른 말을 하는 것, 모두가 외면하는 약자를 외면하지 않고 곁에 있어주는 것, 누군가의 실수를 비난하는 대신 용서와 회복의 기회를 주는 것이 바로 빛의 역할이다.

소금의 사람은 드러나지 않는 자리에서 묵묵히 자리를 지키며 존재 자체로 공동체를 지탱한다. 맛을 내는 소금처럼, 공동체 안에서 건강한 문화를 퍼뜨리고, 타락을 막는 양심의 기능을 수행한다. 그는 말보다 행동으로 신뢰를 쌓고, 자기 유익보다 전체의 유익을 우선시한다. 타인의 아픔에 민감하고, 작은 실천으로 진실을 증명한다. 그는 눈에 띄지 않지만 반드시 필요한 사람이다.

빛의 사람은 어둠 속에서도 방향을 제시하고, 희망을 말하는 사람이다. 빛은 스스로를 비추지 않고 다른 것을 드러내는 속성이 있듯, 빛의 사람은 자신을 내세(來世)우지 않으면서도 다른 사람의 삶을 밝히고, 길을 인도한다. 그는 진리를 말하고, 불의를 고발하며, 타인의 잠재력을 격려하고 북돋운다. 고통 가운데 있는 이들에게 위로를 주고, 소망 없는 사람들에게 하나님 나라의 빛을 비추는 사람이다.

진정한 행복은 단지 내 안에 머무는 감정이 아니라, 세상 속에 선한 영향력을 끼치며 살아갈 때 주어지는 선물이다. 우리는 모두 부패를 막고 진리를 드러내는 소금이 되어야 하고, 어두운 세상을 비추는 빛으로 살아야 한다. 그 길은 좁고 험할 수 있으나, 그 길 끝에 있는 평안과 기쁨은 세상이 줄 수 없는 참된 복이다. 이 시대가 절실히 필요로 하는 것은 소금과 빛의 사람들이다. 그리고 그들이야말로 가장 행복한 인생을 살아가는 사람들이다.

진리가 인도하는 삶, 그것이 행복이다

행복한 인생이란 단지 편안함이나 감정적인 기쁨에 머무는 것이 아니라, 진리 안에 뿌리내린 삶의 열매이다. 이 제5부는 겸손과 위계질서, 자존감과 용서, 나눔과 감사, 사랑과 영향력이라는 여덟 가지 삶의 덕목을 중심으로, 진리 위에 세워진 삶이 얼마나 깊고 풍성한 행복으로 이어지는지를 보여 주고자 했다. 이 모든 주제는 결국, 인간이 어떻게 하나님 앞에서 자기 자신을 발견하고, 이웃과의 관계 속에서 하나님의 형상을 회복하며, 세상을 향해 하나님의 뜻을 드러낼 수 있는가에 대한 이야기이다.

사람은 스스로의 힘으로 행복해질 수 없다. 행복은 노력의 결과가 아니라, 진리 안에 거할 때 자연스럽게 맺히는 열매이다. 그러므로 우리는 세상이 말하는 조건과 기준이 아닌, 하나님이 제시하신 삶의 방식, 곧 성경적 진리 위에 우리의 삶을 다시 세워야 한다. 겸손은 나를 낮추어 하나님을 높이는 길이고, 질서는 혼란을 이겨 내는 안정의 기초이며, 자존감은 창조주 앞에서 자기 존재의 고귀함을 인식하는 능력이다. 용서는 나를 묶는 상처를 풀어 주는 자유이고, 나눔은 하나님의 은혜를 흘려보내는 통로이며, 감사는 일상의 기적을 볼 수 있는 눈을 열어 준다. 사랑은 하나님의 본질에 참여하는 행위이며, 소금과 빛은 그 사랑을 실천하는 방식이다.

이 덕목들은 따로 떨어진 항목들이 아니라, 서로를 향해 자라고 연결되어 있는 하나의 생명체와 같다. 겸손한 사람은 감사할 줄 알고, 감사하는 사람은 나눌 수 있으며, 나누는 사람은 사랑을 실천하고, 사랑은 결국 용서와 질서를 통해 구체화된다. 그렇게 살아갈 때, 우리는 하나님의 나라를 이 땅에서 경험하며, 그분의 뜻을 이루는 삶을 살아갈 수 있다. 이런 삶이야말로 진정한 행복이다.

따라서 제5부의 결론은 하나다. 행복한 인생은 진리 위에 세워질 때 비로소 완성된다. 그 진리는 추상적인 개념이 아니라, 우리의 말과 행동, 선택과 관계 속에서 실천되는 하나님의 뜻이다. 진리 위에 삶을 세운 사람은 흔들림 없이 서게 되고, 사랑과 겸손으로 타인과 함께 공동체를 세워간다. 따라서 행복한 인생을 성취하는 사람은 진리 안에서 겸손하고, 감사하며, 사랑하는 삶을 살아가는 사람이다.

진리를 따라온 인생의 고백

이 책은 단순히 한 권의 글이 아니라, 한 사람이 진리를 따라 걸어온 삶의 여정을 담은 고백이다. 나는 이 글을 통해 내 신앙과 세계관, 인생관과 가치관을 정리하고자 했고, 동시에 이 시대를 살아가는 모든 이에게 진리는 여전히 유효하며, 삶을 이끄는 실제라는 사실을 전하고 싶었다. 진리는 내게 하나의 사상이 아니었고, 한순간의 깨달음도 아니었다. 그것은 내가 매일 선택하며 살아 낸 삶의 실제였고, 어두운 길을 비추어 준 등불이었으며, 끝내 붙들어야 했던 마지막 희망이었다.

나는 완전한 사람이 아니었다. 넘어지기도 했고, 흔들리기도 했으며, 때로는 어리석고 미련하기도 했다. 그러나 그런 나를 포기하지 않으시고 다시 일으켜 세우시며 끝까지 붙들어 주신 분은 하나님이셨다. 나는 그분의 말씀 속에서 진리를 만났고, 그 말씀을 따라 삶의 방향을 세우고자 애써 왔다. 그리고 그 여정 속에서 분명히 깨달았다. 진리는 사람을 바꾸고, 가정을 변화시키며, 공동체를 새롭게 하고, 마침내는 이 땅 가운데 하나님의 뜻을 이루는 힘이라는 것을. 세상이 흔들릴수록 진리는 더욱 또렷이 빛난다. 혼란과 거짓이 가득한 시대 속에서도 진리는 사라지지 않고, 오히려 그 어둠 속에서 더욱 분명하게 우리를 부르고 있다.

그래서 나는 이 책을 마치며 독자 여러분께 마지막으로 간절한 부탁을 드리고 싶다. 부디 진리를 잊지 마시고, 그 진리 위에 삶을 세우시기 바란다. 진리만이 흔들리지 않는 인생의 토대가 되며, 진정으로 행복한 삶을 이루는 유일한 길이기 때문이다.

이 책의 끝에는 나의 '간증 설교'를 부록으로 실었다. 그것은 단순한 설교문이 아니라, 내가 걸어온 신앙의 여정을 집약한 고백이며, 이 책에서 전하고자 했던 진리의 실천이 실제 삶에서 어떻게 가능했는지를 보여 주는 증거다. 나는 이 설교를 통해 진리를 따르는 삶이 얼마나 실제적이고도 강력한 회복과 소망을 주는지 보여 주고자 했다. 진리는 단지 머릿속의 개념이 아니라, 인생을 변화시키는 능력이라는 사실을 독자 여러분도 함께 체험할 수 있기를 진심으로 바란다.

이제 나는 그 진리를 따라 걷는 길 위에서, 함께 동행할 동반자들을 찾고 있다. 나의 걸음이 나 하나의 결심이 아니라, 하나님의 뜻을 따르는 공동체의 고백으로 이어지기를 소망한다. 진리는 결코 멈추지 않는다. 진리는 오늘도 누군가의 삶 속에서 길이 되고, 빛이 되며, 생명이 되고 있다. 그러므로 나는 간절히 바란다. 이 책을 읽은 당신이 그 길 위에 함께 서기를. 그리고 당신의 걸음 위에 또 다른 세대가 함께 걷기를. 진리는 나를 이끌었고, 나는 진리를 따랐다. 이제, 그 진리가 당신의 삶도 이끌어 가기를 진심으로 축복한다.

섬진강이 드리는 간증 설교

2023. 11. 26. 중부명성교회 간증 설교

제목: 아내를 기쁘게 하는 삶이 하나님을 기쁘시게 한다

본문 말씀: 마태복음 22:37-40

프롤로그

성도 여러분 안녕하십니까? 저의 이름은 이상환이고, 기독교 대한성결 교회 강서교회의 장로이며, 저의 직업은 군사 장비와 반도체 제조설비에 사용되는 정밀 기계 부품과 초고온 특수 소재를 수입/수출하는 주식회사 산울의 현직 대표입니다.

오늘 제가 여러분 앞에 선 목적은 무엇을 가르치려는 것이 아니고 제가 일생 동안 경험하고 깨달은 신앙과 삶의 지혜를 여러분과 함께 나누려는 것입니다. 물론 사람마다 인생의 목표와 가치가 다르기 때문에 생각이나 관점이 저와 같을 수는 없다고 생각합니다. 그러나 모든 기독교인들은 '하 나님을 기쁘시게 하는 삶을 살아야 한다'는 점에서는 같다고 생각합니다. 그래서 저의 인생 경험에 대한 간증이 여러분에게도 의미가 있을 것이라 고 생각하며 이 시간을 준비했습니다.

사실 저의 일생을 간증하려면 6.25 동란 때 수류탄에 부상을 당하고 경 주의 야전병원에서 치료받은 70여 년 전부터 해야 합니다만, 여러분이 너 무 지루할 것 같아서 반으로 뚝 잘라 35년만 간증하기로 했습니다. 비록 저의 간증이 서툴겠지만 부디 은혜로 들어 주시고 신앙과 삶의 지혜를 얻

으시기 바랍니다. 그러면 일단 40년 전으로 되돌아가서 35살에서부터 저의 인생 이야기를 시작하겠습니다.

빛 좋은 개살구

그랬습니다. 서른다섯 살 당시의 저는 기고만장했고 야심에 찬 젊은 사업가였습니다. 그때 저는 7년간 국내 유수의 무역업체에서 능력을 인정받은 세일즈맨으로 세계를 누비며 경험을 쌓은 후 개인사업을 막 시작하던 때였습니다. 서울의 광화문 골목길 작고 낡은 건물 이층 사무실에서 눈앞에 거대하게 서 있는 교보빌딩의 기둥이 몇 개인가? 그걸 세어 보며, 교보빌딩의 값어치를 40년 전 가치로 약 500억 정도 갈 것으로 생각했던 때였습니다.

그리고 한 20년 정도 열심히 일하면 저 정도의 건물은 나도 가질 수 있겠구나, 그런 생각을 했습니다. 한마디로 30대 중반의 저는 돈도 많이 벌고 있었고 인생의 성공에 대한 확신과 자신감으로 꽉 찬 젊은 사업가였습니다.

그런데 저의 승승장구하던 사업이 불과 5년 만에 망했습니다. 그리고 저의 인생은 순식간에 나락으로 떨어지고 가족은 가난과 절망의 수렁으로 빠져들었습니다. 그렇게 많이 벌어 놓은 재산이 썰물처럼 빠져나가고 제가 거지가 되는 데 들어간 시간은 1년도 안 됩니다.

제가 주색잡기나 도박으로 재산을 탕진하고 사업을 망친 것이 아닙니다. 제가 망한 이유는 사람을 너무 믿었다는 것과 자신의 사업 성공에 대한 근거 없는 자신감 때문이었습니다.

사업이 잘 되던 때, 돈을 많이 벌던 때, 그때는 하나님 무서운 줄 몰랐습니다. 그때 후회되던 일은 출석하던 개척교회의 목사님이 주일학교 반사로 봉사해 줄 것을 요청했을 때입니다. 저는 그때 '목사님 저는 지금 너무 바빠서 주일에 예배에 참석하는 것만으로도 최선을 다하고 있는 것입니다. 죄송합니다.' 그렇게 대답했습니다. 사업을 실패한 후 후회가 되었던 것은 그런 목사님의 요청을 오만하게 거절한 일로 기억이 되었습니다.

그때는 인간이 아무리 공든 탑을 쌓아도 하나님이 '훅' 불어 버리시면 흔적도 없이 무너진다는 진리를 알지 못했고 생각도 하지 않았습니다. 그런데 사업을 망하고 나서 성경을 읽어 보고, 사업을 해서 돈을 번다는 것이 참으로 바람을 잡으려는 것처럼 헛것이 될 수 있다는 진리를 깨달았습니다. 특히 하나님이 주시지 않은 것을 인간이 움켜쥐려 하면 망하게 된다는 것을 그때 깨달았습니다.

사업의 실패는 저와 아내를 참으로 비참한 고난의 수렁 속으로 몰아넣었습니다. 아내와 자식들은 따뜻하고 좋은 집에서 살다가 순식간에 습기차고 어두운 장독대 밑 지하실 창고에서 살게 되었습니다. 거기서 저는 아내와 자식들이 밥 대신에 국수로 끼니를 때우는 모습을 참담한 마음으로 지켜보았습니다.

그 와중에 저의 사업이 망했다는 소문을 들은 사람들은 그들이 빌려준 돈을 받지 못할까 봐 불쌍한 아내를 닦달하기 시작했습니다. 그러한 현실은 아내와 저를 견디기 어렵게 했습니다. 그 시절에는 사업을 실패하면 도움을 구할 길이 없으니까, 자살하는 사람들이 많았습니다. 저도 삶을 포기하려는 생각을 했었습니다. 그러나 저는 그런 마음이 생길 때마다 아

행복 인문학

내와 자식들을 생각했습니다. 더구나 막내딸은 아직 젖먹이였습니다. 그래서 저는 나는 결코 내 인생을 포기할 수 없다. 나는 반드시 일어나야 한다. 그렇게 저의 마음을 붙들었습니다.

그래서 저는 사업을 실패한 후 거의 2년 동안 '술'을 한 방울도 마시지 않았습니다. 그리고 맑은 정신으로 저와 저의 가족에게 닥치는 혹독한 시련과 고통을 똑똑히 보았습니다. 사업을 실패하면 가족이 얼마나 참담한 일들을 겪게 되는지, 돈 없이 가난하게 산다는 것이 사람을 얼마나 비참하게 만드는지 온 몸과 마음으로 경험했습니다.

그리고 저는 자신에게 "너는 누구냐?" 물었습니다. 또 "너는 도대체 뭐 하는 놈이냐?" 이렇게 묻고 저 자신에게 대답했습니다. "너는 빛 좋은 개살구다." "너는 아내와 자식들에게 밥도 제대로 먹이지도 못하는 무능력자 빛 좋은 개살구다."

가치관 변화

그랬습니다. 저는 장래가 촉망되던 젊은 사업가에서 빛 좋은 개살구가 되었습니다. 그리고 극도로 가난해진 저는 별수 없이 친하게 지냈던 사업가들을 찾아다니며 도움을 청했습니다. 그러나 도움을 주는 사람은 없었고, 그들은 저를 실패한 인간으로 대했고 별 볼 일 없는 사람으로 취급했습니다.

그래서 저는 그런 수모를 당할 때마다 심하게 자책했습니다. 내가 참으로 인생을 잘못 살았다고 자책을 했습니다. 내가 얼마나 잘못했기에 이런 대접을 받게 되었을까 회개했습니다. 그리고 그들을 믿고 찾아간 저 자신이 야속하고 분했습니다. 그래서 저의 가치관과 인간관은 그때부터 송두

리째 뒤집히게 되었고 그때부터 저는 과거와 전혀 다른 사람으로 바뀌기 시작했습니다.

첫째, 저는 다른 사람을 믿지 못하는 사람이 되었습니다. 친구처럼 생각했던 사람이 전혀 남으로 변하고, 선하고 나를 엄청 좋아하는 사람이라고 생각했는데, 전혀 아니었습니다. 그래서 저는 사람을 믿지 못하는 사람으로 변하기 시작했습니다.

둘째, 저는 저의 생각과 판단을 믿지 못하는 사람으로 변했습니다. 왜냐하면 만약에 나의 생각과 선택이 옳았다면 내가 사업을 실패했을 리가 없다는 생각이 들었기 때문입니다.

셋째, 자신도 사람도 믿지 못하게 된 저는 사업에 대한 자신감을 잃어버렸습니다. 그래서 저는 사업가로 재기하겠다는 생각을 버리고, 오직 아내와 자식들을 위해 일을 해야 한다는 생각만 하게 되었습니다.

이처럼 가치관과 인간관을 바꾼 후부터 세상에 대한 집착과 소망은 모두 없어지고 오직 아내와 자식들만 생각하는 사람으로 변하기 시작했습니다.

인생관의 변화

그런데 하나님이 저를 찾으셨습니다. 인간에 대한 신뢰와 세상에 대한 소망을 접어버리고 자기 자신도 믿지 못하게 된 저를 하나님이 찾으셨습니다. 세상 어디에서도 도움을 구할 수가 없었던 저를 하나님께서 기도원으로 부르셨습니다.

그 당시 나이가 마흔이 되도록, 교회를 거의 20년이나 다녔지만 저는 하나님이 누구신지 알지 못했고, 하나님이 살아 계신다는 확신도 없었습니

행복 인문학

다. 다만 먼 하늘을 바라보며 하나님이 계셔서 나를 도와주시면 얼마나 좋을까 그런 생각을 할 뿐이었습니다. 그 당시 저와 하나님과의 관계는 그 수준이었습니다. 제가 29살에 성결교단의 거목 이만신 목사님으로부터 집사직을 명받았던 사람인데, 저의 신앙은 그 수준이었습니다.

그런데 그 시절에 기독교인들은 '하나님을 만났다', '기도에 응답을 받았다'는 말들을 잘 했고, '하나님의 음성을 들었다'는 사람들도 있었습니다. 저는 그렇게 말하는 사람들을 비웃는 사람이었지만 달리 도움을 기대할 곳이 없었던 저도 물에 빠진 놈이 지푸라기를 잡는 심정으로 나도 하나님을 만날 수 있을까, 그런 생각을 하게 되었습니다. 그래서 아내에게 기도원에 들어가서 하나님을 만나겠다고 말하고, 그 당시 가장 유명했던 금식기도원으로 들어갔습니다.

그런데 나중에 알게 된 일이지만 아내는 실의에 빠져 있는 저로 하여금 하나님을 만나게 하려고 한 달여 전부터 이미 아침 금식기도를 계속하고 있었습니다. 결국 저를 기도원으로 부르신 이는 아내의 기도에 응답하신 하나님이셨습니다.

그러나 제가 기도원에 머문 시간은 불과 3일이었습니다. 저는 기도원에 올라간 지 겨우 아홉 끼를 금식하며 기도하고 불과 3일 만에 집으로 돌아왔습니다. 그 이유는 어떤 젊은 목사님의 설교가 저의 마음에 깨달음을 주었기 때문입니다. 지금도 기억하는 그 목사님의 설교 요지는 이렇습니다.

저 3층 위에는 병원을 돌아다니며 치료를 받다가 포기한 병자들이 하나님이 치유해 주시기를 바라며 드러누워 있고, 이 아래에는 부도를 내고 도망쳐 온 사업가가 있으며, 바람난 남편을 붙들어 달라고 하나님께 매달리는 부인들도 있습니다. 그 뿐만 아니라 이 중에는 신도들의 금품을 노리는 도둑놈도 있습니다. 그런데 여러분은 하나님이 어떤 분이신지, 여러분을 향한 하나님의 뜻이 무엇인지를 잘 모르는 것 같습니다. 하나님의 살아 계심을 믿는 성도 여러분은 하나님을 바르게 알고, 여러분을 향한 하나님의 뜻을 바로 알고 기도해야 합니다. 살아 계신 하나님은 여러분의 기도를 들으셨고 그 기도에 응답해 주실 것이라는 믿음을 가져야 합니다. 그리고 하나님은 자신이 기도한 모든 문제를 해결해 주신다는 믿음을 가져야 합니다. 그리고 하나님의 뜻을 헤아리며 살아야 합니다. 하나님은 여러분들이 지금 여기서 쫄쫄 굶으면서 주여! 주여! 외치는 소리를 기뻐하시지 않습니다. 여러분을 향한 하나님의 뜻은 여기서 하나님을 찾지 말고 세상으로 내려가라고 하십니다. 세상에 내려가서 자기보다 어려운 사람, 약한 사람들을 보살피며 살라고 하십니다. 이것이 성도 여러분을 향한 하나님의 뜻입니다.

이 설교를 듣고 저는 집에서 저를 기다리는 아내와 자식들을 생각했습니다. 그 목사님이 언급한 '나보다 어려운 사람 약한 사람', '내가 돌봐야 할 사람'은 멀리 있지 않았고 바로 제 아내와 자식들이라는 생각이 저의 가슴을 때렸습니다. 그래서 저는 내가 여기서 굶고 있을 때가 아니다. 빨리 내려가서 일자리를 구해야 한다고 생각하며 기도원을 내려왔던 것입니다.

그래서 기도원을 내려온 즉시 포장마차를 만들고 어묵장사를 해 볼까, 재봉틀 몇 대를 마련해서 작은 봉제공장을 만들어 볼까, 궁리를 했습니다. 그래서 저는 과거에 거래하던 은행을 찾아가서 소액 대출 500만 원을 신청했습니다. 그런데 대출을 받으려면 보증을 세워야 한다는 것이었습니다. 그런데 보증을 부탁할 만한 처지가 아니라서 결국 대출 받기를 포기했습니다. 그리고 저는 또다시 피를 말리는 시간을 보냈습니다.

아무리 돌아보아도 도움을 받을 수 있는 곳이 없다고 생각한 저는 그때부터 새벽기도를 시작했습니다. 왠지 그래야만 할 것 같았고 기도밖에 할 일이 없었습니다. 그래서 하나님께 매달렸습니다. 하나님께 아내와 자식들을 먹여 살릴 길을 마련해 달라고 기도했습니다.

'하나님 저는 죄인이니 벌을 받아 마땅하다고 생각합니다. 그러나 유치원 시절부터 하나님을 믿고 따른 제 아내와 아직 어린 저의 자식들이 무슨 큰 죄가 있겠습니까. 그러니 아내와 자식들에게 덮친 가난의 고통은 면하도록 한 달에 2백만 원만 벌게 해 주십시오.' 그렇게 기도했습니다.

그렇게 피를 말리며 살아가는 중에 어느 날 불현듯 그동안 생각하지도 않았던 과거의 경쟁 회사 사장을 찾아가 부탁해 보자는 생각이 들었습니다. 친분은 없고 경쟁만 하던 사이였는데, 자존심을 버리고 십 년 정도 선배인 그 사장을 찾아갔습니다.

그런데 그분은 저의 이야기를 다 들은 후 흔쾌히 수출 담당 상무로 일해 줄 것을 요청했습니다. 그리고 '이 사장 여기서 재기하세요! 그리고 기회가 생기면 여기 신경 쓰지 말고 그냥 떠나세요.' 그렇게 말해 주었습니다. 그때의 고마움은 고스란히 저의 마음에 남아 있습니다.

그리고 저는 그 직장에서 3년 동안 불철주야 열심히 일했고, 직장에서의 업무와 교회에서 예배드리는 일, 그리고 가족을 보살피는 일 외에 다른 생각은 일체 하지 않았습니다. 저는 그때 "성경"의 말씀과 법도 그리고 예수 그리스도의 가르침만 따라 살겠다는 마음가짐으로 살았습니다.

그때부터 저는 마음을 완전히 비웠습니다. 돈은 벌려고 해 봤자 벌어지는 것이 아니고, 내가 벌었다고 해서 내 것이 되지도 않는다는 생각을 하며 오직 가족만을 생각하며 살기로 작정을 했습니다. 그리고 내가 믿고 기댈 곳은 하나님밖에 없고 하나님만 믿고 살아야 한다는 생각을 더욱 굳혔습니다.

그런데 저의 인생이 그때부터 회복되기 시작했습니다. 그처럼 하나님 중심, 예수 그리스도 중심으로 살겠다고 저의 가치관과 인생관이 바뀌면서 저의 인생은 회복되기 시작했습니다. 어느 날 후배 한 사람이 네덜란드 기업이 한국지사를 설립하고 사장을 초빙한다는 정보를 제게 주었습니다. 그래서 즉시 그 초빙 공고에 도전했습니다.

국내에서 치러진 100여 명의 지원자 중에서 제가 최종 후보 2명 중 하나로 선택되었습니다. 그래서 저희 둘은 네덜란드 본사로 날아가서 2주간 중역들과 인터뷰를 하며 그룹의 특성과 상품에 대한 오리엔테이션을 받았습니다. 그리고 2주 후 최종 이사회 투표에서 제가 사장으로 선출되었습니다. 이때 저의 나이 41살이었고 1987년이었습니다.

한국지사의 사장으로 취임한 후 첫 번째 프로젝트가 신축되고 있는 김포공항 신청사의 물류 시스템 즉, 승객들의 가방이나 화물을 실어 나르는 컨베이어 벨트 시스템의 설치를 완결시키는 일이었습니다. 그리고 이듬해 88올림픽 개막식이 열리던 시간에 저는 네덜란드의 '라이온스 클럽'에서 세계의 기업인들과 학자들을 상대로 강연을 하고 있었습니다. 저는 그렇게 멋진 모습으로 사회에 복귀했습니다.

그리고 저는 한국지사의 경영실적을 회사 설립 3년 만에 흑자로 끌어올렸습니다. 그래서 그룹 경영진은 저에게 대표이사직을 제안했습니다. 그러나 저는 사업 실패로 인하여 발생된 사채를 아직도 완전히 청산하지 못했기 때문에 내가 대표이사직을 맡으면 회사에 문제가 발생할 수 있다고 말하고 그 대표이사직을 사양했습니다. 그랬더니 그룹 이사회는 저에게 거액의 보너스를 지불하여 남아 있는 모든 부채를 깨끗이 청산하도록 도와주며, 대표이사직을 맡겼습니다.

저는 하나님의 도우심으로 다시 일어나고 있었고, 이런 과정을 통하여 저의 인생관은 오직 하나님, 오직 예수 그리스도, 오직 성경으로 완전히 바뀌게 되었습니다.

하나님을 사랑하는 삶

그러나 사탄 마귀는 저를 내버려두지 않았습니다. 먼저는 등 따시고 배부르게 되니까, 저는 다시 술을 마시게 되고 방탕한 삶을 살기 시작했습니다. 그러나 이제는 즉시 하나님이 두려웠습니다. 그리고 아내에게는 갑절로 미안하게 생각되었습니다. 이렇게 살다가는 내가 죽는다는 생각을 했습니다.

그래서 저는 "악은 어떤 모양이라도 버리라"는 성경의 가르침을 생각하며, 일단 방탕한 삶의 원인이 되는 '술집에서 술 마시는 행위'를 끊었습니다. 즉, 아내가 싫어하는 '육체의 일'(갈 5:19-21)은 멀리하고 아내가 기뻐하는 '성령의 열매를 맺는 삶'(갈 5:22-24)을 살려는 노력을 시작했습니다.

그리고 저는 사업에 실패하고 다짐했던 초심으로 돌아가려 노력했고, 아내와 자식만을 위해 살겠다는 다짐을 다시 했습니다. 그러나 그런 마음가짐만으로 충분하지 않다는 것을 깨달은 저는 저 자신을 "성경"의 말씀에 묶고 저의 몸을 교회에 완전히 묶어 버리려는 생각을 했습니다.

그래서 저는 그때 하나님의 말씀에 실질적으로 순종하려는 한 가지 결심을 했습니다. 그것은 '십일조 헌금'을 교회에 바치겠다는 결심이었습니다. 저는 "만군의 여호와가 이르노라 너희의 온전한 십일조를 창고에 들여 나의 집에 양식이 있게 하고 그것으로 나를 시험하여 내가 하늘 문을 열고 너희에게 복을 쌓을 곳이 없도록 붓지 아니하나 보라"(말라기 3:10)는 하나님의 말씀에 순종하기로 작정했습니다. 저는 그때 이 말씀을 믿고 순종하지 않으면 다른 말씀도 믿지 못할 것이다, 그런 생각을 했습니다. 그런데 그렇게 결심하고 시작한 십일조 헌금생활은 그때부터 지금까지 거의 35년 동안 계속 증액되어 스무 배 서른 배로 늘어났습니다. 그리고 단 한 차례도 지연되거나 건너뛴 적 없이 지난 35년 동안 계속되고 있습니다.

그리고 저의 몸을 교회에 완전히 묶어 버리기 위해, 예수 그리스도의 '지상명령'에 순종하리라 결심하고, 주일학교 교사를 자원했습니다. "너희는 가서 모든 민족을 제자로 삼아 아버지와 아들과 성령의 이름으로 세례를 베풀고 내가 너희에게 분부한 모든 것을 가르쳐 지키게 하라"(마태복음 28:19-20)는 말씀에 순종하기로 작정했습니다. 그래서 목사님과 상의하여 주일학교 중등부 교사로 봉사하라는 교회의 명령을 받았습니다. 그때부터 저는 손가락에 배어 있는 담배 냄새를 없애려고 한 달 정도 전부터 담배를 끊었고 즐기던 파이프 담배도 끊어 버렸습니다. 그렇게 1991년

1월 1일부터 주일학교 교사로서 봉사하게 되었습니다. 그리고 교사로서의 봉사는 그 후 20년간 지속되었고, 제 인생의 가장 보람이 있었고 행복했던 세월로 기억되고 있습니다.

그리고 저는 저 자신을 교회에 온전히 묶어 버리기 위해 "예배"를 삶의 중심에 두었습니다. 저는 지난 30여 년 주일의 예배를 한 번도 쉬지 않았습니다. 제가 어디에 있든지 그곳의 예배당에서 예배를 드렸습니다. 이러한 예배 중심의 30년이 저를 내면적으로 거룩하게 만들었으며, 점점 그리스도인답게 성장시켜 주었습니다. 예배를 통하여 저는 새 힘을 얻었고 그와 동시에 '쉼'을 가졌습니다. 교사들과 함께 기도하고 묵상하는 중에 모든 인생사를 관조하는 능력도 키웠습니다. 주일이 평일보다 훨씬 바쁘고 힘들었지만, 저는 그리스도 안에서 새 힘과 지혜를 얻었습니다. 그렇게 하나님은 저를 가난의 수렁에서 죄악의 수렁에서 건져 주시며, 저에게 제 2의 인생을 살게 하셨습니다. 할렐루야!

이쯤에서 제가 찬양하는 영상 하나를 보여 드리겠습니다. 저의 지루한 이야기를 들으시느라 졸린 여러분에게 잠시 쉼을 드리겠습니다. 저를 아는 사람들은 제발 재미있게 하라고 하지만 저는 장경동 목사님처럼 재미있게 말할 재간이 없습니다. 그러니 양해해 주시고 조금 편안한 마음으로 들어 주시기 바랍니다.

Amazing Grace 5분 영상

성도 여러분 저는 이 찬양을 하기 위해서 어느 날 담임 목사님에게 부탁을 드렸습니다. '목사님 제가 저의 육성으로 교우들 앞에서 하나님에게 감사의 찬양을 한 곡 올리고 싶습니다. 기회를 좀 마련해 주시겠습니까?' 그렇게 부탁을 했습니다. 그리고 두어 달 후 추수감사절 찬양 축제의 마지막 순서로 저에게 찬양할 기회가 주어졌고 이처럼 저의 버킷리스트 1호가 성취되었습니다.

이웃을 사랑하는 삶

그리고 저는 외국 기업의 대표이사가 된 1991년 이후, 제가 주일학교 교사로 봉사하기 시작한 그때부터 이웃을 보살피는 사람이 되려고 노력했습니다. 그때 제가 생각했던 저의 이웃은 저의 아내, 저의 자식들, 그리고 제가 맡은 반 학생들 즉, 남의 자식들이었습니다.

저의 마음속에는 여전히 '약하고 어려운 사람을 도우며 사는 것이 하나님의 뜻'이라는 기도원 목사님의 설교가 강령으로 자리를 잡고 있었습니다. 그래서 저는 "네 이웃을 네 몸처럼 사랑하라" 하신 예수님의 말씀에 순종하는 삶을 추구했습니다. 그래서 저의 자식들이 성장하여 자기 자리를 찾아가는 동안 저는 주일학교 중등부 고등부 학생들을 보살피는 일에 힘을 쏟았습니다.

그리고 저의 '이웃을 사랑하는 삶'은 제가 외국 기업 한국지사의 대표직을 수행하던 1993년부터 3년간 계속되었고, 1996년에 설립한 개인사업체 '성보상사'에 계승되었습니다. 그리고 2010년에 설립한 주식회사 산울의 '구제활동', '장학활동', 그리고 '선교활동'의 모습으로 발전되어 현재에 이르고 있습니다.

또 저와 아내는 그동안 개인적으로 할 수 있는 일들을 했습니다. 코로나가 창궐하여 교회의 집단예배가 금지되었을 때 자립하지 못하는 작은 교회들의 목자와 그 가족들의 삶을 걱정했습니다. 그리고 아내를 통하여 어느 교우의 가정에 우환질고가 있는지 알아보았습니다. 그래서 어려운 목사님은 저의 담임 목사님을 통하여 돕고 불우한 교우의 가정은 전도사님들을 통하여 돕는 노력을 계속했습니다. 왼손이 하는 일을 오른손이 모르게 하라는 것이 주의 가르침이지만, 현실적으로 이루기는 어려웠습니다. 할 수 있는 한 우리를 드러내지 않으려고 노력을 했습니다.

또 어느 교우가 돈을 빌려 달라고 하면 빌려주고 받을 생각을 하지 않았습니다. 특히 사업을 실패한 사람이 교회를 소리 소문 없이 떠나 버릴 때는 마음이 너무 아팠습니다. 그래서 저는 난관에 봉착한 사람이 저에게 도움을 청하면 군말 없이 도와주었고, 약속을 어겨도 비난하지 않았습니다. 그리고 그 사람이 어느 날엔가 저에게 빌려 간 돈을 조금이라도 갚으면 그것이 그 사람이 회복되고 있다는 징조로 생각하며 기뻐했습니다.

또 누군가 저에게 은행에서 소액대출을 받으려는데 보증을 서 달라면 그렇게 해 주었습니다. 물론 성경은 분명히 "남의 빚에 보증을 서지 말라"(잠언 20:26)고 가르칩니다. 그렇지만 저는 그 말씀보다 "너는 반드시 네 땅 안에 네 형제 중 곤란한 자와 궁핍한 자에게 네 손을 펼지니라"(신명기 15:11)는 말씀에 순종하기로 했습니다. 그리고 "누가 이 세상의 재물을 가지고 형제의 궁핍함을 보고도 도와줄 마음을 닫으면 하나님의 사랑이 어찌 그 속에 거하겠느냐"(요한1서 3:17)는 요한1서의 말씀을 더 중한 말씀으로 믿었습니다.

사실 저의 마음에는 지난날 소액보증을 세울 수 없어서 은행대출을 포기했던 서럽고 고약한 기억이 남아 있습니다. 이제는 은행에서 돈을 빌려주겠다고 해도 필요 없다 할 만큼 여유를 찾았지만 그래도 그때를 떠올리면 서글퍼지는 마음을 어찌할 수가 없습니다. 그래서 저만이라도 작은 목돈이 필요한 이웃이 보증을 서 달라고 하면 그렇게 해 주리라 생각하며 살아왔습니다.

사실 부모형제 이웃사촌 간에는 돈거래를 하지 말자, 보증은 서 주지도 말고 서 달라고 부탁하지도 말자는 사회의 통념을 이해합니다. 그렇지만 사람이 난관에 빠지면 누구에게 손을 벌릴 수 있습니까? 일가친척, 부모

     행복 인문학

형제, 이웃사촌, 죽마고우가 아니면 누구를 찾아가서 부탁합니까? 또 누구를 찾아가서 보증을 서 달라고 합니까? 저는 보증의 위험을 잘 알고 있고 사회에서 '보증은 서지 않아야 한다'는 통념도 이해를 합니다. 그러나 저는 사회적 통념이 그러할지라도 기독교인이라면 그렇게 살아서는 안 된다고 생각했고 저는 그렇게 살 수가 없었습니다.

이러한 이웃 사랑에 대한 저의 간증을 자랑처럼 듣지 않으시기 바랍니다. 저의 의도는 현대 사회에서 이웃을 사랑하라는 그리스도의 가르침에 순종하려면 어떤 마음가짐과 어떤 태도로 임해야 하는지 그 지혜의 지평을 여러분과 함께 넓혀 보려고 말씀드리는 것입니다.

아내를 보살피는 삶

이제 제가 얼마나 착하고 연약한 남자인지를 말씀드리겠습니다. 저와 아내는 올해 결혼 52주년을 지났습니다만, 저는 지난 40년간 늘 아내에게 미안한 생각을 가지고 살아왔습니다. 그래서 저는 막내가 대학에 입학한 후부터 아내를 보살피는 일 소소한 몇 가지를 실천하며 살아왔습니다.

첫 번째로 제가 아내를 보살피기 위해 했던 일은 아내에게 쉼을 주려는 노력이었습니다. 아내는 나이가 50이 될 때까지 세 자녀의 도시락을 준비하느라고 매일 새벽밥을 지었습니다. 아내는 새벽잠이 많은 사람인데 무척 힘들었을 것이라는 생각을 했습니다. 그래서 막내딸이 대학에 합격한 후부터 저는 아내를 아침식사라는 가사노동에서 해방시키고 늦잠을 자게 했습니다. 그리고 저는 이른 아침 사과 한 개를 가지고 체육관에 나갔고, 운동을 마치면 그 사과를 먹으면서 출근했습니다. 그때는 아내에게 늦잠을 자게 해 주는 것밖에 다른 것은 해 줄 능력이 없었습니다.

두 번째는 아내를 외롭지 않게 하려고 아내와 함께 TV를 시청하려고 노력했습니다. 어느 날 거실에 홀로 앉아 TV를 시청하는 아내를 보았습니다. 그런데 홀로 앉아 TV를 시청하는 아내가 쓸쓸해 보이고 외롭게 느껴졌습니다. 그래서 저는 저녁 식사 후 서재에 들어가 책에 파묻히기보다 아내 곁에 앉아서 함께 TV를 시청하기로 작정했습니다. 그래서 아내와 함께 TV를 시청하며 연속극이 슬프면 함께 울고 재미가 있으면 함께 웃었습니다. 그런 시간을 가지게 되니까, 아내가 불룩한 저의 배를 두드리기도 하고 저도 자연스레 어깨동무를 하기도 하고, 서로를 바라보며 대화도 나누게 되었습니다. 그래서 아내와 저는 서로를 좀 더 이해하고 공감하게 되었고 아내는 그런 변화를 즐거워했습니다.

세 번째, 아내와 함께 나란히 앉아 예배를 드리려고 10여 년간 봉사했던 '성가대원의 직'에서 물러났습니다. 사실 저는 성가대의 아침 연습에 참여하려고 아내보다 1시간 일찍 교회에 왔었고 몇 년 일찍 찬양대를 사임한 아내는 대중교통을 이용해서 혼자 교회에 출석했습니다. 그런데 나이를 먹으면서 추운 겨울에 대중교통을 이용해서 교회에 출석하는 아내가 걱정이 되었습니다. 그런 걱정을 하면서 생각하니 늙어 가는 우리가 따로 떨어져서 예배를 드리기보다, 아내와 나란히 앉아서 예배와 찬양을 올리는 편이 하나님을 더 기쁘시게 할 것이라는 생각이 들었습니다. 그래서 10년 간 은혜 중에 봉사했던 성가대원의 직을 그만두었습니다. 그리고 저의 자가용으로 아내와 나란히 교회에 출석하고 함께 예배를 드리고 점심식사도 아내와 함께 하게 되었는데 아내는 그런 변화로 인하여 몹시 즐거워합니다.

네 번째, 아내의 마음에 상처로 남아 있을 '돈'에 대한 한을 풀어 주어야 한다는 생각을 했습니다. 아내는 저와 결혼한 후 3, 40대 20여 년 동안 한

 행복 인문학

번도 '돈'이 주는 즐거움과 여유를 누리지 못하고 빚 독촉에 시달리며 살았습니다. 그래서 저의 마음속에는 늘 아내에 대한 미안함이 있었고 언젠가는 아내의 가슴에 맺혀 있을 돈에 대한 한을 씻어 주리라는 생각을 했습니다. 그래서 저는 IMF를 극복한 후부터 아내에게 주어야 할 생활비를 작은 금액이었지만 '월급'의 형식으로 지불하기 시작했습니다. 당시에는 작은 금액이었지만 회사가 발전하고 형편이 좋아지는 대로 거의 20년 동안 아내의 월급을 인상시켜 왔습니다. 그래서 오늘날 저는 아내의 얼굴에 피어나는 웃음을 보며 그 마음에 남아 있을 '돈'에 대한 한이 어느 정도는 치유되지 않았을까 조심스럽게 짐작하고 있습니다.

다섯 번째, 아내의 건강을 보살피기 시작했습니다. 언제부터인가 나이가 들면서 아내가 점점 쇠약해지고 있다는 것이 느껴져서 저는 아내의 건강을 챙기기로 작정을 했습니다. 그러나 아내는 건강보조식품이나 보약 같은 것을 먹기 싫어하는 사람이었습니다. 그래서 아내가 좋아하는 음식을 위주로 외식을 하며 아내의 건강을 챙기기 시작했습니다. 일주일 중 2, 3일은 아내가 좋아하는 생선요리를 먹였고, 건강에 중요한 육식을 먹이려고 노력했습니다. 수년간 그렇게 노력한 결과 아내의 건강상태는 점점 좋아지고 또 미소에도 건강함이 묻어 나오고 있습니다.

지금까지 해 온 일은 별것이 아닙니다. 그보다 더 중요한 것은 요즘 아침에 눈을 뜨면 오늘은 아내를 어느 식당으로 데려가 무엇을 먹여야 할까? 그런 궁리를 하면서 모닝커피를 마시는 것입니다. 여러분 제가 팔불출입니까? 아닙니다. 저는 그런 삶이 즐거우니까 분명히 착하고 연약하고 아내를 사랑하는 남자입니다. 할렐루야! 그런데 저의 교우들이 믿어 주지를 않습니다.

나가는 말

이제 이 시간을 마무리해야 할 것 같습니다. 사업을 실패한 채 맞이한 마흔 살 이후 지금까지 35년 동안 자신을 믿지 못하고 사람을 믿지 못하는 저는 스스로 한 일이 아무것도 없습니다. 지금 저의 모든 것은 다 하나님께서 이루어 주신 것이지 제가 한 것이 아닙니다. 저에게 있는 물질도 제가 벌어 놓은 것이 아니라 하나님이 저에게 선한 일을 위해 맡겨 두신 것입니다. 저는 그런 생각을 가지고 저의 여생을 정리하고 있습니다. 이제 하나님이 저에게 베풀어 주신 은혜와 사랑을 다시 한 번 정리하며 이 간증을 마치려 합니다.

첫째, 하나님은 주일학교 교사로서 봉사했던 그 20년, 찬양대원으로 활동한 10년, 이 30년 동안에 저의 인생을 회복시켜 주셨습니다. 물질적으로 또 정신적으로 사회에서나 교회에서 모든 곳에서 저의 삶을 회복시켜 주셨습니다. 그리고 교사로 '봉사'하는 20년 동안 사업 실패로 남아 있었던 마음의 상처마저도 치유해 주셨고 실추되었던 저의 명예도 회복시켜 주셨습니다.

둘째, 하나님은 1991년에 작성한 저의 인생 계획표의 소망들을 모두 이루어 주셨습니다. 저의 인생 계획표란 저의 자식들이 언제 대학에 입학하고 언제 결혼하며, 제가 학사, 석사, 박사학위를 언제 받을 것인지에 대한 저의 소망을 기록해 둔 것입니다. 비록 이루어진 연도에는 차이가 있었지만 가장 적당한 때에 모두 이루어 주셨습니다.

저는 지금도 낡은 성경책 표지에 붙어 있는 이 인생 계획표를 사위와 딸 그리고 아내에게 보여 주며 하나님께 감사와 영광을 돌리고 있습니다.

     행복 인문학

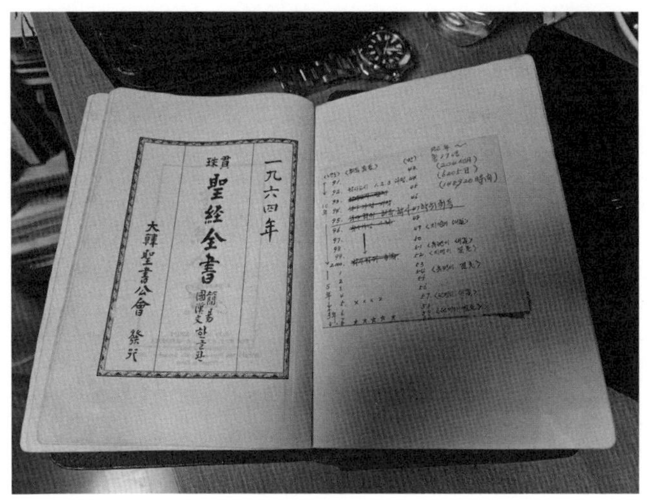

셋째, 하나님은 제가 환갑에 확립한 비전 즉, '이후에 내가 죽어서 하나님 앞에 나아갈 때는 기독교 교육학자의 모습으로 나아가겠다.'는 비전을 성취시켜 주셨습니다. 하나님은 저의 비전이 성취될 수 있도록 총신대학에서 기독교 교육학 석사학위를 받게 하셨습니다. 또 하나님은 숭실대학교 대학원에서 7년 동안 "성경적 기독교 세계관"을 전공하게 하시고 기독교 변증학자가 되도록 기독교학 박사학위를 받게 하셨습니다. 그래서 오늘 이 시간이 기독교 교육학자로서 저의 비전을 구현하는 첫 번째 시간이 됩니다.

사랑하는 성도 여러분 부디 이 세대를 본받지 말고 하나님의 선하시고 온전하신 뜻이 무엇인지 분별하며 범사에 형통하기를 기원합니다. 그리고 교회를 섬기시는 장로님들과 탁신철 목사님과 내조하시는 사모님, 그리고 동역하시는 교역자 여러분, 부디 영육 간에 강건하시기를 기원합니다. 하나님의 선하신 은총이 넘쳐나기를 기원하며, 저의 간증을 마치겠습니다. 감사합니다.

참고 문헌

『행복 인문학』 저술에 지적 영감을 준 책들

빌 포셋, 『왜, 바보같은 역사는 반복되는가』, 김신태 역, 서울: 매일경제신문사, 2014.

C.S. 루이스, 『순전한 기독교』, 장경철/이종태 역, 서울: 홍성사, 2010.

____, 『예기치 못한 기쁨』, 김유나 역, 서울: 홍성사, 2003.

찰스 콜슨, 낸시 피어시, 『그리스도인, 이제 어떻게 살 것인가?』, 정영만 역, 서울: 요단출판사, 2002.

데이브 버체트, 『나쁜 크리스찬』, 김애정 역, 서울: 도서출판 선미디어, 2006.

데이비드 W. 오어, 『작은 지구를 위한 마음: 생태적 문맹에서 벗어나기』, 이한음 역, 서울: 현실문화연구, 2014.

마셜 B. 로젠버그, 『비폭력 대화』, 캐서린 한 역, 서울: 한국 NVC 센터, 2012.

낸시 피어시, 『완전한 진리』, 홍병룡 역, 서울: 복있는사람, 2006.

로날드 사이더, 『가난한 시대를 사는 부유한 그리스도인』, 한화룡 역, 서울: Ivp, 1998.

아브라함 카이퍼, 『하나님께 가까이』, 정성구 역, 고양: 크리스찬다이제스트, 1986.

오스 기니스, 『소명』, 홍병룡 역, 서울: Ivp, 2000.

유진 피터슨,『묵시: 현실을 새롭게 하는 영성』, 홍병룡 역, 서울: Ivp, 2002.

조너슨 하이트,『바른 마음: 나의 옳음과 그들의 옳음은 왜 다른가』, 왕수민 역, 파주: 웅진지식하우스, 2014.

짐 월리스,『회심』, 정모세 역, 서울: Ivp, 2008.

프랜시스 쉐퍼,『그러면 우리는 어떻게 살 것인가?』, 박형용 역, 서울: 생명의말씀사, 1984.

헨리 나우웬,『영혼의 양식』, 박동순 역, 서울: 두란노, 1997.

조나단 색스,『차이의 존중 - 문명의 충돌을 넘어서』, 임재서 역, 서울: 말글빛냄, 2010.

아우구스티누스,『고백록과 신앙편람』, 원성현 외 역, 서울: 두란노아카데미, 2011.

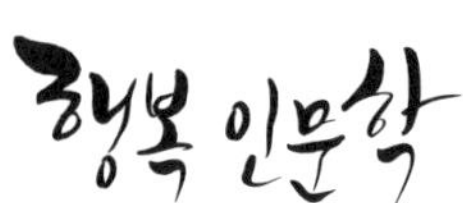

초판 1쇄 발행 2025년 6월 20일

지은이   이상환
펴낸이   이기봉
편집   좋은땅 편집팀
펴낸곳   도서출판 좋은땅
주소   서울특별시 마포구 양화로12길 26 지월드빌딩 (서교동 395-7)
전화   02)374-8616~7
팩스   02)374-8614
이메일   gworldbook@naver.com
홈페이지   www.g-world.co.kr

ISBN   979-11-388-4364-5 (03100)